Kleine
Gartenparadiese

Roy Strong

Kleine Gartenparadiese

Deutsche Verlags-Anstalt
Stuttgart

Dieses Buch setzt sich nur ein bescheidenes Ziel: die Besitzer kleiner Gärten vor langweiligen Gestaltungen nach bestimmten Klischees zu bewahren. Es ist ausschließlich gestaltungsorientiert und versucht auch im Außenbereich die Impulse umzusetzen, welche die Innengestaltung vieler Häuser in den letzten Jahren erfahren hat. Sie finden hier eine ganz persönliche Auswahl alternativer Gestaltungsvorschläge – Träume – für kleinbemessene Grundstücke. Da ich eher Gartengestalter und nicht in erster Linie Pflanzenkenner bin, wäre dieses Buch nicht ohne Hilfe von Susan Conder und Jasmine Taylor zustande gekommen, wofür ich ihnen außerordentlich dankbar bin.

Roy Strong

Übertragen aus dem Englischen von Bruno P. Kremer

Die Deutsche Bibliothek - CIP-Einheitsaufnahme

Kleine Gartenparadiese / Roy Strong. [Übertr. aus dem Engl. von Bruno P.Kremer. Ill.: Liz Pepperell; John Davies]. – Stuttgart: Deutsche Verlags-Anstalt, 1998
Einheitssacht.: Creating small gardens <dt.>
ISBN 3-421-03153-3

Lektorat: Andrea Bartelt
Illustrationen: Liz Pepperell (The Garden Studio), John Davies
Satz: Martina Gronau, Stuttgart
Druck und Bindearbeiten: Mandarin Offset Limited
Printed and bound in Hongkong
ISBN 3-421-03153-3

Wir danken den folgenden Fotografen und Organisationen für die Bereitstellung von Abbildungen:
2 Georges Lévêque; 8–9 Marijke Heuff, Amsterdam; 10–11 Jerry Harpur/Octopus; 11 John Vaughan (Mr & Mrs John C McGuire); 13 oben: Jerry Harpur (Hillier & Hilton), 13 unten: Marijke Heuff; 14 Jerry Harpur; 15 Jerry Harpur; 16 Marijke Heuff; 17 Jerry Harpur; 18 Biofotos; 18–19 Valerie Finnis; 19 Derek Gould; 20–21 Marijke Heuff; 21 Derek Gould; 22–23 Ken Kirkwood; 22 Linda Burgess; 23 Marijke Heuff; 24 Michelle Lamontagne; 25 links: Philippe Perdereau; 25 rechts: Harry Smith Horticultural Photographic Collection; 26 Camera Press; 27 Marijke Heuff; 28–29 Georges Lévêque; 30 oben: Philippe Perdereau; 30 unten: Linda Burgess; 31–33 Georges Lévêque; 34 Bob Gibbons/Ardea; 35 links: Marijke Heuff; 35 rechts: Jerry Harpur; 37 Marijke Heuff; 38–39 Philippe Perdereau; 39 Marijke Heuff; 40 Georges Lévêque; 41 oben: Pamela Harper (Messrs Ron Johnson & George Schoellkopf); 41 unten: Georges Lévêque; 42 Camera Press; 42–43 Georges Lévêque; 44 oben: Georges Lévêque; 44 unten: Marijke Heuff; 45 Bent Rej; 46–47 Marijke Heuff; 48–51 Jerry Harpour (John Vellam); 53 Marijke Heuff (Mr & Mrs van Bennekom-Scheffer); 55–57 Claude Bosel (Camille Müller); 58–60 Peter Baistow (Mr & Mrs Robin Spencer); 62–63 George Wright/Octopus (Lindsay Blyth); 64–67 Georges Lévêque (Arabella Lennox-Boyd); 70–72 Georges Lévêque (François Bonnin); 74–77 Michelle Lamontagne; 78–79 Georges Lévêque; 80–82 Neil Holmes (Colin Wells-Brown); 84–89 Georges Lévêque (Mr & Mrs Canneman); 90–91 Jerry Harpur (Alex Rota); 92–94 Marijke Heuff (Yak Ritzen); 97–101 Georges Lévêque (Rosemary Verey); 102–104 Camera Press (Werner Blaser); 107 Philippe Pendereau (Madame Azis); 108–113 Ianthe Ruthven (Martin Summers); 114–115 Ken Kirkwood (Pamela Erickson); 121–123 Georges Lévêque (Rob Herwig); 124–126 Marijke Heuff (Mrs P. van Roosmalen); 128–130 Marijke Heuff (Mark van der Upwich und Willem Verhoeven); 133–135 Georges Lévêque (Françoise & René Bessy); 137–139 Marijke Heuff (L.B. van Dijk).
Umschlagmotiv: The Alfresco Cube Room (Marijke Heuff) / Conran Octopus

Inhalt

Einleitung

Zum Gärtnern kam ich erst verhältnismäßig spät. Als ich fünfunddreißig war, kauften wir ein kleines Haus auf dem Lande. »Sprich mir nicht von diesem Garten«, sagte ich wohl zu meiner Frau, als ich einen halben Morgen Land mit Rasen und ein paar Rosenbeeten übernahm. Ein Teil davon war einem Landwirt überlassenes Weideland, auf dem die Kühe friedlich das Gras wiederkäuten. Er war bereits mein zweiter Garten. Mein erster war ein sehr kleines Stückchen Garten auf der Rückseite eines Hauses in Brighton, das ich mit Pflanzschalen und -töpfen aus Terrakotta zugestellt hatte, bepflanzt mit ein paar Kräutern und Geranien aus dem Gartengeschäft. Dieses Tun läßt sich doch eher als eine Art ständiger Erster Hilfe denn als inspirierte Gartengestaltung bezeichnen. In der Rückschau war dieser Garten wohl mehr so etwas wie einen Zeh in den Ozean stecken, in den ich jedoch bald richtig eintauchen sollte.

Aber zurück auf das Land und zu meinem ersten richtigen Garten. Fünfzehn Jahre später ist in diesem Garten nichts mehr so, wie wir es vorfanden. Anfangs hatten wir kaum brauchbare Ideen, und unsere ersten Maßnahmen bestanden lediglich darin, von Freunden geschenkte Sträucher oder Stauden auszupflanzen – meist an der falschen Stelle, aber dennoch das Beste hoffend. Der Rat eines Gärtners aus dem Ort, Pappeln zu pflanzen, erwies sich als glatte Katastrophe; ihre Wurzelbrut unterminiert noch immer die Auffahrt. Der fatale Anruf des Landwirts, er werde seine Kühe von der angrenzenden Weide nehmen, hatte weitere Torheiten zur Folge. Erst als dieser Teil des Grundstücks völlig abgeräumt war und nach einem Ausflug in die Gartengeschichte der englischen Renaissance kam ein Gesamtplan oder Gestaltungskonzept zustande. Plötzlich wurde mir klar, wie wichtig eigentlich ein gutes Gartendesign ist. Meine Frau Julia meinte angesichts der ausgeräumten Weide, daß sich hier ursprünglich wohl ein alter Tennisrasen befunden haben müsse. Sie hatte recht. Wir schnitten das hohe Gras zurück, um die ehemalige Rasenfläche freizulegen. In jenem Winter pflanzte ich eine Eibenhecke um etwa zwei Drittel davon und richtete Pflanzbeete für Gartenrosen her.

Jeder, der die halbmeterhohen Eiben-Sämlinge sah, dachte, wir seien verrückt und würden eine erwachsene Hecke wohl kaum noch erleben. Zwölf Jahre später kann ich in diesem Garten sitzen, völlig eingeschlossen von einer zweieinhalb Meter hohen Hecke, die ich jedes Jahr im August liebevoll in Form schneide. Dieser Garten mit Hecke und Rosen markierte den Wendepunkt. Uns wurde klar, daß am Beginn eines jeden Gartens das Design stehen muß, ein Plan, eine Vorstellung der Struktur und der optischen Illusionen, bevor die ersten Pflanzen ausgewählt werden.

Ich bin mir nicht ganz sicher, was diese Gartenleidenschaft in mir entfachte. Vielleicht war es meine Frau, die aus einer gärtnernden Familie stammt. Ihr kleiner Londoner Vorstadtgarten war eine Freude, mit blumenübersäten Beeten, einem kleinen Gewächshaus und einer hübschen Gemüseecke. Aber ich kann nicht behaupten, daß dieser Garten ein denkmalwertes Design aufwies. Ergiebiger in dieser Hinsicht waren Besuche bei klassischen Landhausgärten. Danach stand ich allerdings vor dem Problem, wie man ihre arbeitsaufwendige Größe auf bescheidenere Proportionen zurückführt. Mein Lösungszugang dafür war und ist der eines Designers und Romantikers, weniger der eines Pflanzenliebhabers. Meine Sicht des Gärtnerns ist die eines Bühnenbildners, der seinen Garten als großen Szenenraum erlebt. In ihm erscheinen die Jahreszeiten wie Kulissen, durch die der Betrachter wandert. Es erscheint mir immer wieder wichtig zu betonen, daß der oder die künftigen Gartenbesitzer vorher entscheiden, was sie von ihrem Garten erwarten. Ich habe immer eine Vorstellung von Schaustück, Illusion oder Stil vor Augen. Je mehr ich über die Pflanzen lerne, um so interessanter finde ich sie, aber dennoch müssen sie sich dem Gesamtkonzept unterordnen.

Auf diesem Weg beginnend, überraschte es mich, wie wenig von dem, was man über dieses Problem nachlesen kann, wirklich bedeutsam ist. Natürlich gibt es eine Menge großer Gartenarchitekten und eine Anzahl weniger bekannter, die mit Gartencentern oder Baumschulen zusammenarbeiten, aber es fehlte die führende Hand für diejenigen, die ihr Gartendesign selbst erarbeiten möchten. Die meisten der professionellen Gartenarchitekten schienen sich nur für kleine Pflanzinseln und Stadtbegrünung zu interessieren. Zahlreiche Bücher beschäftigten sich damit, wie man aufwendige Pflastermuster verlegt, Gartenschädlinge bekämpft oder preisverdächtige Chrysanthemen ankultiviert, aber keines mit Stilfragen für kleine Gärten.

Das ist eigentlich völlig unverständlich, denn eine der bemerkenswertesten Entwicklungen der letzten zwanzig Jahre und besonders der letzten Dekade war der Boom der Innenarchitektur. Er zeigte sich in endlosen Fachmagazinen mit langen Artikeln zu Fragen der Inneneinrichtung und in den jetzt überall erhältlichen Tapeten, Textilien und Farben, die jeweils aufeinander abgestimmt sind. Folglich wurde der Einrichtungsstandard quer durch das soziale

Spektrum deutlich angehoben. Eine vergleichbare Entwicklung für die Gärten steht noch aus. Seltsamerweise denken die Leute über Designfragen nicht mehr nach, sobald sie ihren Garten betreten. Vielleicht liegt es daran, daß die meisten Gartenbücher sich nur mit Pflanzenkultur beschäftigen, ebenso wie Gartencenter und Baumschulen. Wenn eine Baumschule ein angrenzendes Gartengrundstück besitzt, ist dieses in aller Regel als eine große Fläche gestaltet. Wie viel sinnvoller wäre es, wenn Baumschulen und Gartenfachgeschäfte ihr Umfeld mit einer Anzahl kleiner Gärten gestalteten, so wie auch Möbelhäuser jeweils fertige Zimmereinrichtungen zeigen. So könnte man beispielhafte Farbkombinationen zeigen oder verschiedene Lösungen für kleine Pflanzflächen vorführen.

Die 24 Gärten, die ich in diesem Buch beispielhaft vorstelle, wurden jeweils nach ihren besonderen Stilmerkmalen ausgesucht. Jeder dieser kleinen Gärten ist anders, nicht nur als Ausdruck des unterschiedlichen Geschmacks seiner Besitzer, sondern weil es vor Ort die Lage, die umrahmende Architektur oder die Nutzung so erforderten. Ich empfinde diese Gärten nicht als Lösungspakete, sondern als Ideenbörse und Anregung für die praktische Umsetzung. Man kann Gestaltungsideen aus einem anderen Garten übernehmen, aber niemals das komplette Gartendesign, denn Ihr Garten soll der Ihre sein. In jedem Fall werden seine jeweiligen Besonderheiten dies sicherstellen. Glücklicherweise wachsen keine zwei Pflanzen in exakt der gleichen Weise.

Die Beziehungen zwischen der Gestaltung kleiner Gärten und der Inneneinrichtung sind bemerkenswert eng. Kein Raum eines Hauses kann mehr als ein Thema gut ausgewogen umsetzen. Je kleiner ein Garten ist, um so mehr gleicht er einem Wohnraum, und die Lektion des verbindenden Themas, die in diesem Buch immer wiederkehrt, wird um so dringlicher.

Das Gartendesign sollte nicht nur zur Architektur des Hauses passen, sondern auch zu dessen Innenausstattung. Der Blick aus dem Fenster läßt den Garten als rückwärtige Wand eines Innenraums erscheinen. Spiegel verstärken das Äußere und bringen auch das Bild des Gartens nach innen. Eine traditionelle Landhauseinrichtung in Eiche, Balkenwerk und Rauhputz erfordert eben einen traditionellen Garten mit Gruppen altbewährter Blumen. Ein viktorianisches Haus mit schweren Vorhängen und großformatiger Blumentapete verlangt einen Garten mit alten Rosensorten, der den inneren Überschwang außen fortsetzt. Ein Haus des 20. Jahrhunderts mit einer Möblierung seiner Räume in Glas, Leder und Stahl sowie moderner Kunst an den Wänden erfordert einen Garten mit abstrakten Formen oder Strukturen in Stein und eine asymmetrische Bepflanzung.

In der Beziehung zwischen Innen- und Außendesign lebt eine alte Norm auf. Die großen Baumeister der Renaissance, in der auch die neuzeitliche Gartengestaltung geboren wurde, entwarfen gleichermaßen die Innen- und die Außenbereiche ihrer Bauten und dazu auch die Gärten. Sie empfanden beides als Einheit. Mein Ziel ist es, Sie wieder zu solchem Empfinden zu bringen, wenn Sie über die Bestückung selbst einer kleinen Gartenfläche nachdenken.

Das Gartendesign geht den eigentlich gartenbaulichen Tätigkeiten immer voran. Die Idee, daß Blumen einen größeren Teil des Gartens bestimmen müssen, ist vergleichsweise jung. Sie gehört ganz sicher nicht zur japanischen Gartentradition, die bevorzugt mit den Effekten von Steinen, Kies, Wasser und einer eher sparsamen Bepflanzung arbeitet. Auch die großen europäischen Gärten des 16. und 17. Jahrhunderts kannten keine betonte Blütenpracht. Sie zeigten überwiegend kunstvoll angelegte Pfade, Terrassen und Stufen mit immergrünen Schnitthecken, Bosketten, Bäumen, Wasserfällen, Brunnen und Skulpturen. Diese scheinbar extravaganten Schöpfungen können uns auch heute noch eine Menge über die Verwendung einfacher gestalterischer Zutaten lehren. Sie erinnern uns auch an die tiefempfundene Befriedigung angesichts einer kontrollierten Anordnung von Natur – die zudem wenig mehr als einen jährlichen Pflegeschnitt benötigt.

Die kreative Entwicklung gerade der kleinen Gärten ist vermutlich ein besonderer Beitrag unseres Jahrhunderts zur Gartenkunst. Bis zur Mitte des vorigen Jahrhunderts war Gärtnern immer eine Angelegenheit großer Ausmaße – sowohl im Fall der großen formal gestalteten Gartenparterres der Barockschlösser als auch der hektargroßen Landschaftsparks englischer Landsitze. Die Designideen und Gestaltungsprinzipien spiegelten dies entsprechend wider.

Heute ist Gärtnern in diesem Maßstab fast nur noch in großen öffentlichen Parks oder zur Pflege historischer Anlagen üblich. Wir leben im Zeitalter der kleinen Gärten, die gleichsam ein Abbild der demokratischen Gesellschaft mit ihren bescheideneren und gleichartigen Lebensumständen sind. Park- und Landschaftsgärtner sind daher fast schon eine aussterbende Zunft. Die große Mehrzahl aller Gärten ist kleinbemessen – jedoch wie wenig Literatur hat sich bisher mit dieser Gartenkultur und ihrem Design im Vergleich zur Innenarchitektur beschäftigt. Die erfolgreiche Bewältigung beider Lebensbereiche ist nicht nur Ausdruck der Persönlichkeit, sondern auch des Geschmacks. Die Schaffung eines harmonischen Umfelds erfreut die Sinne und verleiht, gerade im Fall eines Gartens, ein Gefühl von Annehmlichkeit und gutem Leben. Ein gutes Design ist gutes Haushalten, die Verbindung von Ästhetik mit praktischem Nutzen bei der Arbeit und Unterhaltung. Wenn Sie dies erreichen, können Sie wie die Gestalt aus dem Alten Testament im Schatten Ihres Weinstocks ausruhen und die Früchte Ihrer Mühe genießen.

DIE ELEMENTE
DES DESIGNS

Gartenplanung ist dem Ausschmücken und Möblieren eines Hauses ähnlich – man schafft es nicht ohne Kenntnis des verfügbaren Materials und der geeigneten Techniken. Darüber orientieren die folgenden Seiten, die zeigen, welche Schritte zu unternehmen sind, wenn Sie beginnen, Material und Technik zu einem Gartenplan zusammenzufügen. Erleben Sie den Garten ein Jahr lang, während Sie Ihre Pläne reifen lassen, und setzen Sie Ihre Ideen dann während der Wintermonate um. Der nachfolgende Frühling wird Sie mit den ersten Früchten Ihrer Planungen und Arbeiten erfreuen.

Notwendige Vorbedingungen

Es kann mehrere Jahre dauern, einen wirklich spektakulären Garten aus dem Nichts zu schaffen. Bedenken Sie daher den Zeitfaktor, bevor Sie Ihre Planung beginnen. Werden Sie den größten Teil Ihres Lebens, vielleicht sogar mehr als ein halbes Jahrhundert, in diesem Hause zubringen? Oder ist es ein erstes Heim, aus dem Sie in ein paar Jahren schon wieder wegziehen? Wenn es ein Ruhesitz für den Lebensabend ist und Sie fröhliche 65 Jahre alt sind, sollten Sie keinen streng formalen Garten mit Eiben- und Buchshecken planen, wenn Sie ihn so nicht an jemand anderen weitergeben wollen.

Der zweite Zeitfaktor ist naheliegender – es ist der aktuelle Zeitbedarf, den Sie für die Pflege Ihres Gartens aufwenden können, soweit keine bezahlte Gartenhilfe in Aussicht steht. Sollen es nur ein paar Stunden am Wochenende sein oder wird es eine zeitverzehrende Leidenschaft werden? Es macht keinen Sinn, beispielsweise mit einer der in diesem Buch gezeigten aufwendigeren Gartenideen wetteifern zu wollen, wenn Sie nicht gleichzeitig bereit sind, den damit verbundenen physischen Aufwand zu übernehmen.

Ein letzter Gesichtspunkt zum Thema Zeit und Gärtnern: Wie sehr Ihr Garten auch zunächst durchgeplant ist, seien Sie dennoch immer bereit, auch zu einem späteren Zeitpunkt Änderungen und Verbesserungen vorzunehmen. Der Zeitfaktor ist ein wunderbarer, aber nicht vorhersagbarer Verbündeter, und was im Planungsstadium noch gut und richtig aussieht, kann sich nach dem Anwachsen als weniger glückliche Lösung herausstellen und umgekehrt. Mit der Zeit sollten Sie auch auf solche Entwicklungen reagieren.

Der Genius loci

Einen gut geplanten Garten erkennt man sofort an seiner klaren Identität. Alles darin hat seinen praktischen oder ästhetischen Zweck und verbindet sich zu einem harmonischen Gesamtbild. Dies gilt besonders für kleine Gärten, in denen kaum mehr als eine besondere Gestaltungsidee umzusetzen ist, während große Anlagen verschiedene Stilrichtungen verfolgen können. Diese Festlegung ist die wichtigste zu treffende Entscheidung, ebenso wie die Absicht, während der nächsten Jahre bis zur Gartenreife daran festzuhalten.

Ihre Möglichkeiten vor Augen, sollten Sie die Architektur Ihres Hauses betrachten und die Nachbargärten anschauen.

Diese zeigen Ihnen eine Menge ortsüblicher Gestaltungsweisen und Materialien sowie welche Pflanzen im vorhandenen Boden gedeihen. In einem kleinen Garten gerät das Haus niemals aus dem Blick und ist auch nicht einfach zuzupflanzen. Hier müssen Sie beginnen, selbst wenn Sie vorhaben, es mit Rosen, Clematis oder Blauregen zu behängen, um einige weniger vorteilhafte Züge zu verbergen. Jedes gute Gartendesign wird vom Haus ausgehen, und von hier aus weiterarbeiten, egal ob es aus Holz, Ziegel, Naturstein errichtet wurde oder verputzt ist, ob es ein Bauern- oder Landhaus ist, ob es klassisch, neugotisch, gründerzeitlich,

Links: Ein eher wilder Garten, der als zusätzlicher grüner Wohnraum konzipiert ist. Wände aus immergrünen Sträuchern und eine unaufdringliche Blütenfülle sorgen für Ruhe und Entspannung.

Oben: Dieser kleine Garten wurde eher für den Blick von oben entworfen und weniger als grüner Lebensraum. Er besteht aus geometrisch geschnittener Buchshecke mit kleinen Blumeninseln. Die hohe Heckenumrandung garantiert vollständige Abgeschiedenheit.

oder im Stil von Art deco, der Moderne oder gar der Postmoderne gehalten ist. Haus- und Gartenstil bilden eine verzahnte Einheit.

Die Übernahme eines vorhandenen Gartens

Die gleichen Abläufe der Analyse sind erforderlich, wenn Sie einen bereits fertigen Garten übernehmen. In diesem Fall ist es wichtig, kräftige Rückschnitte vorzunehmen, bevor sich Ihr Auge zu sehr an zunächst offensichtliche Fehlentwicklungen gewöhnt. Überstürzen Sie jedoch nichts. Ihre Vorgänger werden nicht ohne Grund zu genau dieser Form der Gartengestaltung gekommen sein. Was zuvor gewachsen ist und gedieh, sollte wahrgenommen und respektiert werden. Auch hier erfordert die Umsetzung Ihrer Ideen eine sorgfältige Vorbereitung. In vieler Hinsicht ist die Neugestaltung eines bestehenden Gartens sehr von Vorteil, enthält er möglicherweise bereits schöne alte Bäume. Diese sollte man besonders wertschätzen.

Geplante Nutzung

Stellen Sie eine Rangliste auf, was Sie von Ihrem Garten eigentlich erwarten – eine bildhafte Ansicht aus dem Wohnzimmerfenster, einen grünen Freiraum für Gartenmahlzeiten und Erholung, einen Lebensraum für Singvögel oder andere sympathische Kleintiere, einen schattigen Platz für den Liegestuhl, einen sicheren Spielplatz für die Kinder, einen versteckten Aufenthaltsbereich, einen Obst- und Gemüselieferanten für die Kühltruhe, reichen Blumenschmuck für das Haus oder nur eine romantische Idylle. Fügen Sie diesen Möglichkeiten auch die eher banalen Notwendigkeiten hinzu, die Bestandteil des modernen Lebens sind, wie Garage, Parkplatz, Kompost, Geräteunterstand, Brennstoffvorrat, Wäscheständer, Werkstatt und Grillplatz. Diese müssen gut zugänglich sein, sollten aber möglichst hinter Mauern oder Hecken verschwinden. Versuchen Sie nun nach diesen Auflistungen Ihre Absichten mit dem verfügbaren Raum in Einklang zu bringen.

Bei einem kleinen Gartengrundstück wird man wohl kaum mehr als eine Nutzungsmöglichkeit realisieren können. Seien Sie darüber nicht allzu sehr überrascht, sondern gehen Sie jetzt an die Detailplanung.

Planung

Den Nutzen einer Kamera für jeden, der auch nur entfernt an Gartendesign interessiert ist, kann man gar nicht oft genug betonen. Fotografieren Sie Ihren Garten von allen möglichen Standpunkten und Blickwinkeln, aber auch vor allem aus den gartenseitigen Fenstern Ihres Hauses, denn von hier aus werden Sie Ihren Garten die meiste Zeit des Jahres erleben. Zeichnen Sie auf Millimeterpapier einen möglichst maßstabgetreuen Gartengrundriß. Mit Hilfe der Fotos und des Grundrisses können Sie nun entscheiden,

was Sie vor neugierigen Einblicken vom Nachbargrundstück schützen oder wie Sie Teile der Haus- und Gartentechnik verbergen möchten. Anschließend können Sie überlegen, was Sie mit dem restlichen Freiraum anstellen.

Wichtig ist es, gleich zu Beginn die Hauptblickachsen aus den Fenstern des Hauses zu markieren. Wenn Ihr Wohnzimmer im ersten Geschoß des Hauses liegt, ist das ebenerdige Gartendesign von größter Wichtigkeit für die Wirkung des Gartens. Befindet sich Ihr Wohnzimmer jedoch im Parterre des Hauses, werden die sich daraus ergebenden Blicke und Achsen der bestimmende Faktor Ihrer Gartengestaltung sein. Bedenken Sie auch die rückwärtigen Blicke aus dem Garten auf das Haus und wie Sie dessen Erscheinungsbild mit geschnittenen Sträuchern, Kletterpflanzen oder einer Pergola verbessern können.

Die Hauptachsen und Durchblicke legen gleichzeitig fest, wo die Gartenpfade verlaufen oder enden müssen. Sie geben auch vor, was eingerahmt werden soll, indem sie den Blick gezielt durch einen Gartenbogen oder entlang flankierend gepflanzter Sträucher und Bäume lenken. Mit der Zeit ergeben sich so die wichtigsten Grundlinien Ihres Gartenplans. Der nächste Schritt besteht darin, vor Ort mit Hölzern und Schnur den Wegeverlauf, die vorgesehene Beetstruktur und andere Grundrißmerkmale abzustecken.

Planung der Bepflanzung

Pflanzen sind zwar günstiger als Baumaterial, aber das ist keine Entschuldigung für einen planlosen Einkauf oder eine rein zufällige Plazierung. Grundsätzlich gilt die Regel, daß um so mehr Mühe auf die Artwahl und ihren Pflanzplatz zu verwenden ist, je größer die zu erwartende Lebensdauer und Wuchshöhe einer Pflanze ausfallen. Bei kleinen Gärten ist in dieser Hinsicht sogar besondere Vorplanung angezeigt. Bedenken Sie bei der Auswahl im Gartenfachgeschäft, daß ein Gehölz, das nur vier Meter hoch wird, letztlich genauso aussehen kann wie eines der zehnfachen Wuchshöhe.

Wenn die Bepflanzung aus finanziellen Gründen nur schrittweise möglich ist, sollte die Erstbestückung tunlichst mit Bäumen und Sträuchern erfolgen. Je früher sie sich einwurzeln und mit dem Wachstum beginnen, um so eher wird Ihre Gestaltung Kontur annehmen. Solche Pflanzen bilden gleichsam das Rückgrat des Gartens. In ihrem gestalterischen Rahmen können Sie kleinere Sträucher, Stauden, Zweijährige, Zwiebelpflanzen und die vergänglichen Einjährigen plazieren. Mit den Zwiebelpflanzen, Ein-, Zwei- und Mehrjährigen läßt sich recht gut experimentieren. Sie sind nicht so teuer wie Gehölze und können gegebenenfalls problemloser verpflanzt werden, wenn es die Umstände erfordern. Solche Pflanzen sind natürlich auch kurzlebiger. Mit ihrer Hilfe sind Korrekturen leicht anzubringen oder Gestaltungsfehler auszugleichen.

Links: Der Garten als eleganter Salon. Heckenwände aus Eibe umgeben weiße Gartenmöbel und symmetrisch plazierte Terrakottagefäße mit Buchs in Kugel- oder Spiralschnitt. Blumen sind nicht notwendig.

Links: Der Garten als Paradies des Pflanzenfreunds. Eine Symphonie aufeinander abgestimmter Farben von Cremeweiß bis lichtem Grün mit Perlpfötchen (Anaphalis), Königskerze, Löwenmäulchen und Fenchel.

Frühling

Je nach Landschaft und Klima kann der Frühling sehr rasch eintreffen oder eher schrittweise seinen Einzug halten; er kann sich sehr zeitig ansagen, aber auch gleichermaßen spät beginnen. Von allen Jahreszeiten ist der Frühling das größte Wunder. Selbst im kleinsten Gartenwinkel ruft die erste hellgrüne Sprosse Erstaunen hervor. Obwohl die Tage jetzt rasch länger werden und die Wärme zurückkehrt, kann es dennoch recht kühl sein. Deshalb mag es ratsam sein, die Frühjahrsbepflanzung des Gartens so zu planen, daß sie auch vom Fenster aus zu genießen ist.

Stellen Sie sicher, daß die Pflanzen das Auge durch den Garten geleiten. Tulpen im Vordergrund könnten beispielsweise mit einer Pflanzschale mit Hyazinthen in der Gartenmitte kontrastieren, während an der jenseitigen Gartengrenze ein kleineres Blütengehölz wächst, etwa ein Zierapfel wie Malus »Golden Hornet« oder die Kupfer-Felsenbirne (*Amelanchier lamarckii*), eine meiner Favoriten, deren feinstrahlige Blüten wie kleine, weiße Sterne aussehen. Gewiß sind auch ein blühender Mandel-, Pflaumen, Kirsch- oder Zierapfelbaum ein besonderer Schmuck für fast jeden Garten, doch vermeiden Sie Gehölzgruppen von Kirschbäumen mit kurzer Blühphase, die während des ganzen übrigen Jahres sehr reizlos aussehen .

Zwiebelpflanzen stellen in einem kleinen Garten ein besonderes Problem dar. Ihre Verwendung hängt vom gesamten Pflanzplan ab. Hochwüchsige Tulpen-Sorten kann man rein formal in Farbgruppen verwenden. Wenn Ihr Garten jedoch weniger formal gestaltet ist, sollten Sie besser sogenannte botanische Tulpen oder vielleicht frühe ein- oder zweiblütige Sorten wählen. Osterglocken, Narzissen, Krokus und Blaustern wird man in jedem Fall locker in Gruppen pflanzen. Beachten Sie bitte, daß Sie nicht vor der Mitte des Sommers mähen können, wenn solche Zwiebelpflanzen im Gartenrasen auswildern sollen.

Kritische Farbkontrolle ist bei der Gartenplanung während des ganzen Jahres von Bedeutung, besonders aber im Frühjahr. Kräftige Farben bedeuten, daß der Frühling sich eher explosiv als zögernd einstellt. Gleichzeitiges Aufblühen von Blüten mit kräftigen Farben, besonders Gelb, Orange, Rot oder Rosa, in heftiger Konkurrenz auf kleinem Raum, sollte man vermeiden. Streben Sie eher eine begrenzte Farbpalette an, die sich schrittweise durch verschiedene Farbabstufungen bewegt und nur gelegentlich einen Akzent mit kräftigen Tönen einschließt.

Seien Sie vorsichtig bei der Auswahl und Gruppierung von Azaleen, Rhododendren, Kamelien, Forsythien und Ginster. Statt dessen gibt es viele Ziersträucher mit weicherem, zurückhaltenderem Effekt wie den ungefüllten Wasser-Schneeball (*Viburnum opulus*) oder die Hybride *Viburnum x judii* mit duftenden, zartrosa Blüten. Die Auswahl ist groß, aber angesichts beschränkter Gartengröße sollten Sie darauf achten, möglichst Pflanzen auszuwählen, die mindestens in zwei von vier Jahreszeiten von besonderem Interesse sind. Daher ist Flieder für die meisten kleinen Gärten ein arger Fehler – wunderschön während der kurzen Blütezeit, aber für den Rest des Jahres ohne großen Reiz. Auf einem kleinen Grundstück sollten Blühgehölze außerdem interessante Blatt- und Verzweigungsmuster oder einen besonderen Fruchtschmuck im Herbst zeigen.

Linke Seite:
Einfach, frisch und perfekt –
gewöhnliche Osterglocken
vor einem weißen Latten-
zaun.

Oben:
Frühling in einem formal
gestalteten Garten: Tulpen
stehen in buchsumsäumten
Beeten, im Hintergrund
Schwertlilien. Die Architektur
der Immergrünen garantiert

rund ums Jahr ein dekorati-
ves Aussehen und eine ideale
Pflanzkulisse.

Sommer

Die Qual der Wahl ist das Hauptproblem des Gärtners bei der Sommerbepflanzung seines kleinen Gartens. Zu keiner anderen Jahreszeit bietet sich ihm eine so große Auswahl an Blattgestalten und Blütenfarben. Eine kritische Beschränkung solchen Überflusses ist überaus wichtig und hängt im wesentlichen nur von Geschmack und Gestaltungsziel ab: formal oder ungezwungen, geringer oder aufwendiger Pflegeaufwand. Im Sommer ist der Garten eher ein grüner Lebensraum, in dem man lebt und den man täglich genießt. Intensive Düfte wie die schwere Süße der Nelken oder die Aromen von Buchs und Rosmarin erfüllen die Luft.

Kontrollierte Üppigkeit ist, wie ich glaube, der Schlüsselbegriff des Sommergartens. Im Unterschied zu den übrigen Jahreszeiten kann ein Gartenkonzept gerade im Sommer aus den Fugen geraten, wenn die Pflanzen zu groß werden und Wege überwuchern. Gerade dann ist der sichere Blick des Gartengestalters gefragt, der zuverlässig entscheidet, wo eine Linie wiederherzustellen ist oder wo sie unterbrochen reizvoller aussieht. Dies ist auch die Zeit zum Beschneiden der Hecken: Ob maschinell oder von Hand – es gibt kaum ein größeres Vergnügen, als ein paar Schritte zurückzutreten und das eigene Werk zu betrachten, mit dem man wildwüchsige Natur in Form bringt.

Der Sommer ist die Zeit der Rosen. Ein Garten ohne wenigstens eine Rose, das perfekte Symbol des Sommers und die Krönung jeder Gartengestaltung, ist kaum vorstellbar. Rosen können formal als Beetsträucher in farblichem Akkord gepflanzt werden, sie können sich aber auch kaskadenartig über Pergolen, Pavillons oder Mauern ergießen.

In diesen Monaten erreichen auch die gemischten Gruppen der einjährigen Kräuter und Stauden in den Randbeeten ihren Höhepunkt. Die Fülle ist enorm: Lupine, Rittersporn, Königskerze, Glockenblume, Storchschnabel, Astilbe, Kokardenblume, Sonnenblume, Erigeron, Pfingstrose, Phlox oder Taglilie. Auch an Blühsträuchern besteht eine große Auswahl: Pfeifenstrauch, Orangenblume, Seidelbast, Eskallonie, Fingerkraut, Weigelie, Strauchehrenpreis, Zistrose, Johanniskraut, Deutzie, Kreuzkraut und Lavendel. Hinzu kommen die zahlreichen Kletterpflanzen wie Clematis, Geißblatt, Jasmin oder Passionsblume. Dem Gartenanfänger erscheint das alles sehr überwältigend und schwieriger, als es in Wirklichkeit ist. Jeder von uns hat einmal angefangen, Fehler gemacht und Verluste hingenommen. Stürzen Sie sich ins Vergnügen, hoffen Sie das Beste und starten Sie ruhig mit Überpflanzung. Es ist viel erfreulicher, von Anfang an zu viel als zu wenig zu haben. Verbesserungen sind später immer noch anzubringen. Vergeuden Sie allerdings keine Zeit damit, eine Pflanze zum Wachsen zu bringen, die nicht will.

Der Sommer ist so arbeitsaufwendig und überbordend, daß man sein Gartenkonzept leicht vergißt oder versäumt, die Ausgeglichenheit der Gartenszene zu bewahren oder die notwendigen Korrekturen zu notieren, die im Winter auszuführen sind. Vergessen Sie nicht, daß wirksame »Erste Hilfe« für die Gestaltung des Sommergartens auch mit Einjährigen aus dem Gartenfachhandel zu leisten ist, die man einfach in die bestehenden Lücken pflanzt. Nur im Sommer kann man Gestaltungsfehler sofort beheben und mit lebhaften Farben überdecken.

Oben: Eine Reihe traditioneller Stockrosen in Rosa, Rot und Karmin demonstriert sommerliche Blütenfülle im Landhausgarten.

Rechts: Überbordende Sommerpracht im Staudengarten. Beachten Sie die Weichheit der Farbtöne, die nur von wenigen kräftigen Farbakzenten unterbrochen werden.

Herbst

Den Herbst halte ich für die romantischste Jahreszeit. Das ausufernde Wachsen der vorangegangenen Monate ist zum Ende gekommen, das Licht wird weich und golden. Ein Gefühl der Heimkehr stellt sich ein, wenn die Früchte geerntet werden. Den roten und goldgelben Blättern an Bäumen und Sträuchern haftet eine nachdenkliche Traurigkeit an; am Tage strahlen sie in der Herbstsonne noch wie Leuchtfeuer, aber über Nacht fallen sie im ersten Frost erstarrt zu Boden.

Hinsichtlich des Pflanzens ist der Herbst gerade das Gegenteil des Frühjahrs. Wer Obstbäume im Garten hat, freut sich an den reifenden Früchten. In der Renaissancezeit wurden Obstbäume häufig auch im Blumengarten gepflanzt, denn man betrachtete sie nicht nur als geschätzte Nahrungslieferanten, sondern auch als Dekorationsstücke. Diese Tradition sollte man wiederbeleben. Zieräpfel sind beispielsweise auch im Fruchtschmuck sehr ansehnlich,

Oben: Herbstfarben eines Zierweins (Vitis coignetiae).

Rechts: Japanischer Ahorn, Riesen-Fetthenne und Knöterich in perfekter Farbharmonie.

Der Perückenstrauch (Cotinus coggygria) *bringt eine konkurrenzlose, aber nur kurzlebige Laubfärbung hervor.*

goldgelb bei der Sorte »Golden Hornet«, blaßgelb und rötlich überlaufen bei »John Downie«. Beide Sorten lassen sich zu ausgezeichnetem Gelee verarbeiten. Die schmucken Ebereschen sind jetzt ebenfalls fruchtbeladen – reinweiß beispielsweise Sorbus cashmiriana, hochrot dagegen Sorbus commixta, rosaweißlich Sorbus hupehensis und scharlachrot Sorbus sargentiana. Die Ahorn-Arten verfärben sich spektakulär goldgelb oder flammend rot, wobei der Zimt-Ahorn (*Acer griseum*) die übrigen Arten fast alle übertrifft.

Auch die Sträucher fruchten im Herbst: Feuerdorn, Stechpalme, Zwergmispel und Berberitzen sind reichlich beladen, bis die umherziehenden Vögel die Ernte eingetragen haben. Anziehend sehen die Hagebutten der Hecken- und Strauchrosen auf ihren überhängenden Zweigen aus. Der Blumengarten erlebt sein jahreszeitliches Finale mit Fuchsien, Dahlien und Chrysanthemen.

Anders als im Frühling sind die Herbstfarben viel besser zu kontrollieren, denn sie halten sich von Natur aus an die Farbwerte des Sonnenuntergangs. Selbst das kräftigste Karminrot verschmilzt mit dem benachbarten Orangegelb oder Gelb zu perfekter Harmonie. Zu keiner anderen Jahreszeit trägt die Lichtqualität in vergleichbarer Weise zur Gesamtwirkung bei – genießen Sie jede kostbare Minute dieses erlesenen Naturkunstwerks.

19

Winter

Im Winter erfolgt die ultimative Prüfung des Gartendesigns. Wenn Ihr Garten uninteressant aussieht und zwischen Laubfall und erstem Grün nicht zum Besuch einlädt, muß er Gestaltungsfehler aufweisen. Im Winter kann man diese am besten beheben. Jetzt ist die Zeit zum Zeichnen, Planen, Ändern und Verbessern.

Ich gebe ohne weiteres zu, daß so nur der gärtnernde Designer, nicht jedoch der Pflanzenfreund vorgeht. Dieser wird vielleicht sorgenvoll jeden heftigen Schneefall oder strengen Frost als Katastrophe empfinden, die kostbare Pflanzen schädigt oder gar tötet. In einem kalten Winter gibt es tatsächlich so manches Requiem für verlorene Schätze. Anderseits ist auch nicht zu leugnen, daß ein Garten im Rauhreif überwältigend schön aussieht oder daß eine streng formal gestaltete Anlage nach leichtem Schneefall die ganze Schönheit ihrer Geometrie viel eindrucksvoller zeigt als mitten im Juni.

Es erfordert einen guten Blick, sich auch im Winter am Garten zu erfreuen, denn seine Farbpalette ist jetzt eher verhalten: matte und glänzende Grüntöne, graugrüne Abstufungen oder bräunliche bis goldene Grünwerte. Besonders gut wird man jetzt die Formen der laubwerfenden Sträucher und Bäume wahrnehmen und auf die Färbung ihrer Rinde achten. Um so mehr wird man jetzt die Immergrünen bewundern, nicht nur die geschnittenen Hecken und Nadelhölzer, sondern auch Winterblüher wie den Lorbeer-Schneeball (*Viburnum tinus*) oder die Mahonien. Diesen stellt der Winter weitere Freuden an die Seite: Garrya elliptica mit graugrünen Kätzchen, Duft-Schneeball (*Viburnum farreri*), den Hybriden *Viburnum* x *bodnantense* oder die Zaubernuß (*Hamamelis mollis*).

Eingestreut in diese eher einfarbige Szenerie erfährt jede einzelne Blume eine Wertschätzung, die ihr im Sommer nie zuteil würde: Christ- und Lenzrosen sind recht ansehnliche Blüher mit etwas eigenartiger Färbung – grün und purpur umrandet, trübrot oder einheitlich maronenbraun. Kein Garten wäre vollständig ohne eine Gruppe von Schneeglöckchen, die – soweit es die Witterung zuläßt – bereits im Januar den Frühling ankündigen. Mit ihnen konkurrieren kleine Gruppen von Winterling, frühblühendem Krokus und Schwertlilie. Denken Sie daran, sie so umsichtig zu plazieren, daß sie ungestört verwildern können und dennoch in jedem Frühjahr zu entdecken sind.

Oben: Der Winter zeigt die verhaltene Schönheit von Sträuchern und Bäumen. Hier kontrastieren die gelben und roten Zweige des Tatarischen Hartriegels mit Schneeresten.

Links: Die gefährliche, aber ergreifende Schönheit von Frost läßt die Pflanzgruppen aus Strauchehrenpreis und Horstgräsern fast ein wenig unwirklich aussehen.

21

Unbelebte Abgrenzungen

Im Garten dienen Abgrenzungen dem Abschluß nach außen und der Unterteilung. Holz, Beton, Werkstein, Metall, Kunststein, Ziegel und Gitterwerk bieten sich an, um einen Privatbereich abzugrenzen oder als gestalterische Überraschung zu fungieren. Sie können auf diese Weise bestimmte unerwünschte Strukturen für immer aus Ihrem Blick verbannen, haben aber gleichzeitig auch die Möglichkeit, mit Öffnungen oder Bögen besondere Blickachsen im Garten zu betonen. Unbelebte Abgrenzungen müssen nicht vollständig blickdicht sein.

Besonders beliebte hölzerne Begrenzungskonstruktionen sind Lattenzäune und Gitter. Gerade an der Straßenfront kleiner Gärten sehen Lattenzäune ausgesprochen dekorativ aus, vor allem wenn blühende Pflanzen sich durch das Lattenwerk drängen oder über den Zaun herabhängen. Solche Zäune heben sich auch sehr klar und eindrucksvoll von Kastenhecken ab. Der Gartenfachhandel bietet alternativ Gitterwerk aus Kunststoff oder Holz an. Man kann maßgeschneiderte, solidere Lösungen natürlich auch extra anfertigen lassen. Kein anderes preiswertes Material läßt sich vergleichbar variantenreich auch zum Bau von Trennwänden, Pergolen, Bögen, Lauben oder Gartenhäusern verwenden. Holz wird zwar irgendwann einmal verrotten, aber seine Funktionsdauer kann man mit geeigneten Holzschutzmaßnahmen beträchtlich verlängern.

Schön gestaltete Abgrenzungen aus dauerhafterem Material sind gewöhnlich ziemlich teuer, doch die Investition lohnt sich. Mauern beispielsweise geben ein Gefühl der Abgeschiedenheit und bieten einen ausgezeichneten Hintergrund für Kletterpflanzen. Eine Ziegel- oder Trockenmauer läßt sich zum alpinen Steingarten ausgestalten oder sichert Stufenbeete. Um bestimmte Gartenbereiche voneinander abzuschirmen, empfiehlt sich beispielsweise eine durchbrochene Ziegelwand. Hierfür gibt es auch entsprechende Fertigbauteile aus Beton. Wenige Abgrenzungen für das Garteninnere haben jedoch so viel Stil wie Balustraden, die man heute in verschiedenen Höhen auch aus Kunststein erhält. Sie bilden wundervolle Begrenzungen etwa für Terrassenbereiche und erlauben zwischen ihren Öffnungen Durchblicke in den übrigen Garten.

Kleinere Abgrenzungen etwa für Pflanzbeete kann man aus großen Muschelschalen, Ziegeln, Kantensteinen oder Dachpfannen bauen. Sie legen die Beetform fest und sehen besonders dann sehr attraktiv aus, wenn die Pflanzen ein wenig darüberhängen und die strengen Linien brechen.

Ganz oben: Der weißgestrichene Lattenzaun ist eine sehr gefällige Gartenbegrenzung, die zudem zwischen dem dunklen Hintergrund und den Pflanzbeeten vorne angenehm vermittelt.

Oben: Balustraden aus Kunststein bilden eine architektonisch sehr elegante Grenze. Ihre strenge Form wird hier durch eine Kletterrose gemildert.

Oben: Der Flechtzaun aus Staketen und Ruten erhält lebendige Akzente durch Sonnenblumen und andere den Zaun überwuchernde Sommerpflanzen.

Unbelebte Abgrenzungen

1 Geformte Kanten aus Kunststein
Klassisch, formal und relativ teuer.

2 Ziegelbegrenzung
Schräggestellte Ziegelsteine geben eine leicht informelle Note.

3 Trockenmauerwerk
Der Bau einer Trockenmauer ist schwierig, sie bildet jedoch eine besonders interessante Zutat.

4 Durchbrochene Ziegelwand
Eignet sich gleichermaßen gut für Abtrennungen im Garteninneren wie als Gartenbegrenzung.

5 Gitterwerk
Weiß gestrichene Holzgitter kann man wie hier frei aufstellen, um Teilbereiche abzugrenzen, oder gegen eine Mauer lehnen als Kletterhilfe für Pflanzen.

Lebende Abgrenzungen

Lebendige Grenzhilfen erfordern Vorstellungskraft und Ge-
duld, sind aber letztlich immer preiswerter als Mauern oder
Zäune. Eine lebende Abgrenzung kann durchaus ein Vorhaben für fünf bis zehn Jahre oder noch länger sein, wenn
Sie langsamwüchsige Pflanzen verwenden oder ein besonders großes Ergebnis anstreben. Für den Gartenneuling
sind Hecken fast immer relativ langweilige Gartenzutaten –
nichts weiter als lange, kastenförmige Grünblöcke, die erst
allmählich die erforderliche Höhe erreichen. Lösen Sie sich
von solchen negativen Voreinstellungen, denn das Gegenteil trifft zu. Hecken sind ein höchst lebendiger Abschluß
oder Flankenschutz der Gartenszenerie, den man zudem
kreativ nutzen kann. Planen Sie zu Beginn genau, wie Ihre
Hecke aussehen und wachsen soll, um sie dann von Anfang
an auf diesen Plan zuzuschneiden. Eine Hecke ist grüne Architektur. Sie bildet Trennwände und Abgrenzungen innerhalb des Gartens oder auch Flanken, Pfeiler, Bögen und
Durchgänge. Wenn diese im Lauf der Jahre mehr und mehr
Gestalt annehmen, wird die Hecke immer interessanter.

Eine immergrüne Hecke ist dabei wohl besonders wün-
schenswert. Besonders gefragt ist die raschwüchsige Ley-
land-Zypresse (*Cupressocyparis leylandii*), von der es auch
noch eine gelbe Varietät »Castlewellan« gibt. Ich würde sie
dem Japanischen Liguster (*Ligustrum japonicum*) vorziehen, der ebenfalls sehr rasch wächst, aber mit der Zeit
leicht die Form verliert. Eine dritte raschwüchsige Art ist
der Kirschlorbeer (*Prunus laurocerasus*), der mit seinen
großen, glänzenden Blättern recht interessant aussieht.
Man muß ihn sorgfältig von Hand schneiden, um die Blätter nicht zu verletzen. Außerdem benötigt er mehr Platz als
die anderen Arten. Stechpalme (*Ilex aquifolium*) sieht mit
ihren dunkelgrünen, glänzenden Blättern und scharlachroten
Früchten sehr dekorativ aus, wird aber noch übertroffen
von der Eibe (*Taxus baccata*), die bei guter Nährstoffver-
sorgung durchaus nicht so langsam wächst, wie in den Bü-
chern steht.

Zwei empfehlenswerte laubwerfende Heckengehölze sind
Hainbuche (*Carpinus betulus*) und Rot-Buche (*Fagus sylvatica*). Beide behalten während des Winters ihr rostbrau-
nes Herbstlaub und lassen sich durch Schnitt sehr gut in
Form halten.

Hecken kann man mit etwas Phantasie sehr schön gestalten. Eine schmale, etwa einen Meter hohe Kastenhecke mit

Wölbungen zwischen Pfeilern aus Stechpalme und zu Kugeln oder Pyramiden geschnitten, ist ein sehr auffälliges
Gestaltungselement. Man kann auch die Oberkante der
Hecke wellenförmig schneiden oder ihr andere Muster verleihen wie Fensteröffnungen oder Rahmen, durch die man
die anderen Gartenteile sieht.

Eine verkleidende Hecke aus Stechpalme und Rot-Buche
ist eine andere Möglichkeit. Wo keine strenge Kastenform
nötig ist, kann man lockere Hecken aus Feuerdorn (*Pyracantha*), Eskallonie oder Berberitze (*Berberis*) verwenden.

Für jeden formal angelegten Garten sind niedrige Buchshecken unverzichtbarer Bestandteil. Zwerg-Buchs (*Buxus
sempervirens* »Suffruticosa«) mit seinen kleinen, kräftig
grünen Blättern wächst ziemlich langsam. An seiner Stelle
kann man zur geometrischen Beetbegrenzung auch rasch-
wüchsiges Zypressenkraut (*Santolina*), Lavendel oder in
wintermilden Gegenden Rosmarin verwenden.

Links: Kontrastierende harte
und weiche Grenzlinien im
Wechsel: Lavendel vor einem
Steinwall mit Schwertlilien
und einer Wacholderwand im
Hintergrund.

Oben: Ideale Abschirmung für
die Sommerzeit – eine
Kaskade aus roter und orange-
farbener Kapuzinerkresse
verleiht selbst dem dunkelsten
Garten einen kurzen
gestalterischen Triumph.

Harte Oberflächen

Die Gliederung der Grundfläche des Gartens erfolgt mit harten Oberflächen. Sie legen Flächenzuschnitt und -gestalt fest, verbinden als Pfade oder Stufen verschiedene Gartenteile miteinander und kennzeichnen Aussichtspunkte oder Zonen, die sich in besonderer Weise für Sitzplätze anbieten. Gerade in einem kleinen Garten muß man die Verwendung harter Oberflächen schon in der Planungsphase besonders sorgfältig erwägen. Je kleiner die verfügbare Fläche ist, um so wahrscheinlicher ist es, einen zu groß bemessenen Anteil für harte Oberflächen vorzusehen, so daß letztlich wenig Raum zum Experimentieren und Improvisieren bleibt. Unabhängig von der Gartengröße lassen sich Pflanzfehler relativ leicht beheben, beim aufwendigen Pflasterwerk wird die Korrektur allerdings teuer. Wählen Sie Ihren Bodenbelag im Hinblick auf Ihr Haus und stimmen Sie ihn farblich darauf ab. Kaufen Sie niemals größere Mengen an Steinbelag, ohne mit einer Probe zuvor die Wirkung des Materials vor Ort geprüft zu haben. Treffen Sie keine übereilten Entscheidungen. Es ist besser, zunächst mit einem Kiesweg zu beginnen, und sich genug Zeit zu nehmen, bevor man sich für eine aufwendige Dauerlösung entscheidet.

In kleinen Gärten sollte man nicht zu viele verschiedene Materialien verwenden. Gestalterisch kann die Materialauswahl eine enttäuschende Erfahrung sein, denn gerade Kunststeine sind in Farbe oder Textur nur selten annehmbar. Häufig weisen sie alle möglichen Schattierungen von Rot, Rost, Gelb oder Grün auf, die – wenn überhaupt – Naturmaterial nur schlecht nachempfinden. Prüfen Sie das Angebot kritisch, und wählen Sie dann den am unauffälligsten eingefärbten Stein.

Naturstein wird von den meisten Menschen als das ideale Material für Gartenpflaster empfunden, jedoch häufig aus Kostengründen verworfen. In kleinen Gärten kann man ebensogut Ziegelsteine verwenden, obwohl auch diese nicht ganz billig sind. Wegen ihrer kleinen Abmessungen sind Ziegel das ideale Material für kleine Flächen. Die Verlegung in Mustern ist recht einfach und kann vorher in einer Zeichnung erprobt werden. Die Kombinationsmöglichkeiten sind groß, und fast alle Muster lassen sich Platzverhältnissen leicht anpassen. Mit Ziegelsteinen kann man auch Bögen und Kurven legen, um beispielsweise den Wechsel von Richtungen oder Ebenen zu kennzeichnen. Achten Sie jedoch darauf, daß die verwendeten Ziegel frostbeständig sind – andernfalls können sie im Winter platzen. Es gibt spezielle Pflasterziegel, die etwas dünner und größer als gewöhnliche Mauerziegel, aber technisch nicht unbedingt besser als gewöhnliche frostbeständige Klinkerziegel sind.

Ähnlich wie Ziegel lassen sich auch große Kieselsteine zu beliebigen geometrischen Mustern arrangieren. Das preiswerteste Naturmaterial jedoch ist Kies kleinerer Körnung. Seit der Renaissance verwendete man Kiesstreu in allen großen Gartenanlagen. Normalerweise lassen sich kiesbestreute Wege mühelos krautfrei halten.

Als Naturmaterial schlechthin paßt Holz hervorragend zu einem informell gestalteten kleinen Garten, entweder als Holzpflaster aus Stammscheiben oder in Form von Gleisschwellen, die im Längsverband verlegt sind. In feuchten Klimazonen ist Holz nur bedingt geeignet, da es bei Nässe schlüpfrig wird und rascher verrottet.

Ein geschicktes Gartendesign wird immer mit Blicktäuschung arbeiten. Da Pflasterwerk ein teures Unterfangen und viel aufwendiger als jegliche Bepflanzung ist, bietet sich häufig eine geschickte Verbindung von Kunst- und Naturstein an. Die Wirkung langer Pfade aus Betonplatten läßt sich durch Ziegel- oder Kiesabschnitte angenehm auflockern, besonders an hervorhebenswerten Stellen wie Treppenstufen, zu Füßen einer Statue oder im Bereich einer Sonnenuhr. Lücken zwischen den Platten füllt man am besten mit Kriechpflanzen.

Holzloggia mit geharktem Kiesbett.

*Unten: Unregelmäßige Bruch-
steine sind in konzentrischen
Kreisen vom zentralen Blickfang des Gartens ausgehend
verlegt. Sie werden von
Buchskugeln und einem Stau-
denbeet begrenzt.*

*Oben: Ein interessanter
Gartenpfad in einem infor-
mellen Garten aus Stamm-
scheiben schlängelt sich durch
Farne und Gräser.*

Harte Oberflächen

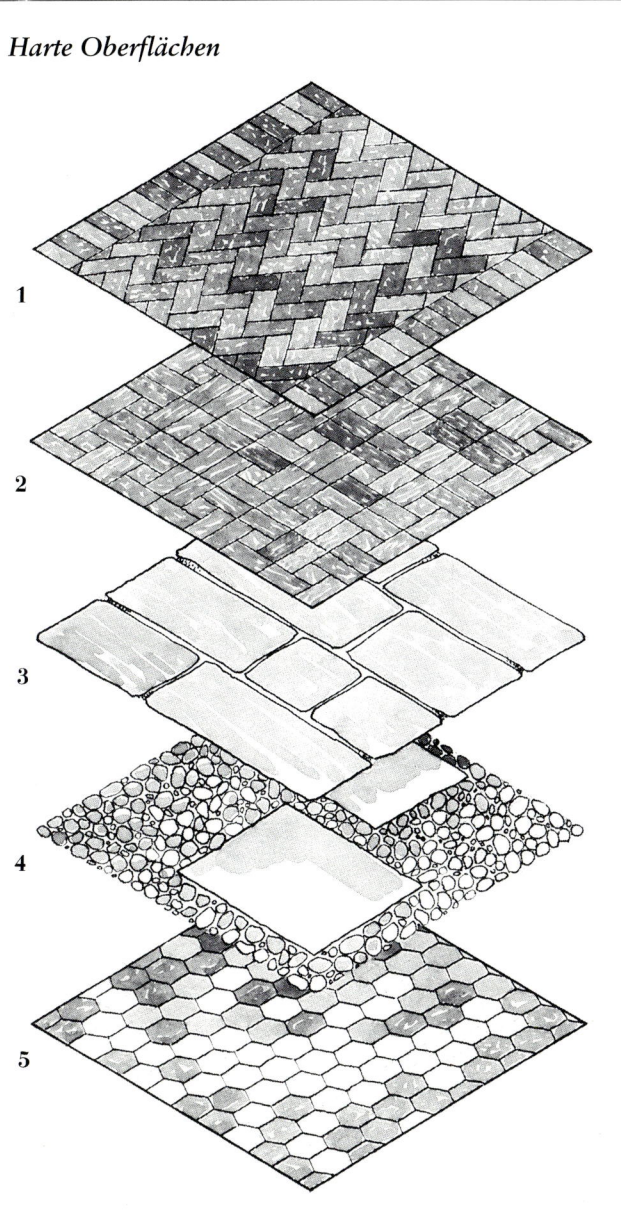

1 Ziegelpflaster im Fischgratver-
band mit einfacher Begrenzungs-
zeile – hübsch, aber ziemlich
aufwendig.
2 Ziegelpflaster im Flechtkorbverband, aufwendig, aber zeitlos
und absolut pflegeleicht.
3 Großformatiger Plattenbelag
ist eine sehr aufwendige, aber
dauerhafte Lösung.

**4 Grobkies und Trittseine aus
Steinplatten** (auch aus Kunststein) ergeben eine reizvolle
Kombination.
5 Gehwegsteine im hexagonalen
Wabenmuster gehen sich härter
als Ziegel oder Natursteinplatten. Dieses Belagmaterial gibt es
auch in rechteckigen Formen.

Weiche
Oberflächen

Die Verknüpfung einer Gartenform mit Grasflächen ist erst vergleichsweise jung und geht im wesentlichen auf die Tradition englischer Landschaftsgärten und -parks des 18. Jahrhunderts zurück, an denen man besonders die sanft modellierten Rasenflächen mit ihren eingestreuten Baumgruppen schätzte. Im Vergleich mit diesen Größenverhältnissen wird deutlich, daß Grasflächen für kleine oder gar sehr kleine Gärten nicht unbedingt die ideale Lösung sind. Wirkung und Arbeitsaufwand entsprechen hier einander in den meisten Fällen nicht, da Rasen rund ums Jahr reichlich Pflege beansprucht.

Gras eignet sich daher wirklich nur für die größeren Kleingärten, in denen es sich in genügendem Maße entfalten kann, um als ruhendes Grün und als interessante Textur im wechselnden Licht zu wirken und als ideales Verbindungsglied zwischen Blumenbeeten und Gartenwegen, als natürlich aussehender Unterwuchs kleiner Bäume und Sträucher oder als Sitzplatz für die Familie zu fungieren. Zahlreiche, für unterschiedliche Zwecke und Klimate geeignete Grasarten und Grasmischungen stehen zur Wahl. Unterschätzen Sie aber nicht den erforderlichen Pflegeaufwand für einen Gartenrasen. Er muß während der Vegetationsperiode regelmäßig gemäht und bei warmem Sommerwetter täglich gesprengt werden. Zudem sind die Ränder zu kappen und zu begradigen. In größeren Gärten empfiehlt es sich, nur bestimmte Teile regelmäßig kurzzuschneiden und den Rest aufwachsen zu lassen, so daß sich auch höherwüchsige Wildblumen ansiedeln können. Aber selbst eine solche Gartenwiese muß mindestens einmal in der Saison gemäht werden.

Andererseits ist keine Pflanze so trittfest wie Gras. Manche Pflanze mag gelegentlichen Schritt und Tritt durchaus hinnehmen, aber die meisten ertragen eine derartige Belastung nicht. Dazu gehören Römische Kamille (*Anthemis nobilis*) oder Varietäten von Sand-Thymian (*Thymus serpyllum*). Die im auf S. 54 gezeigten Garten verwendeten Bubiköpfchen (*Soleirolia soleirolii*) sorgen für eine erstaunliche Gesamtwirkung, doch eignet sich dieser Bewuchs nicht zum Begehen. Efeu, Immergrün oder Moos sind ebenfalls geeignete Bodendecker, die aber gleichermaßen nicht trittfest sind.

Oben: Baumrindenschrot bildet den Belag eines gewundenen Gartenwegs, der gut zur asymmetrischen Bepflanzung des Gartens mit Blumen und Sträuchern harmoniert.

Rechts: Ein besonderer Kontrast in der Textur der Bepflanzung: Ein Teppich aus Bubiköpfchen umgibt eine niedrige Kastenhecke aus Buchs. Dahinter breitet sich eine Rasenfläche aus.

Gartensitze

Sitzgelegenheiten sind ein integraler Teil des Gartens. Sie bringen die Grundphilosophie des Gartens als Ort der Betrachtung und des Vergnügens zum Ausdruck. Von der klassischen Antike über die Renaissancezeit bis in die Gegenwart haben Frauen und Männer in ihren Gärten gesessen, um deren Schönheit und Aromen, die Blumenpracht und die über die Jahreszeiten hinweg ständig wechselnden Farben zu genießen.

Bei der Auswahl von Klapp-und Liegestühlen oder anderen Gartenmöbeln sollten Sie unbedingt darauf achten, daß Sie Materialien und Muster in zurückhaltender Farbgebung aussuchen. Gartensitzpolster in schreienden Farben und mit überbordenden großformatigen Blumenmustern können schnell deplaziert wirken. Besucher betrachten fast zwanghaft die auffällige Möblierung und nicht die umgebenden Blumen, die mit dieser pompösen Pracht kaum mithalten können. Bevor Sie eine größere Anschaffung in dieser Richtung tätigen, vergessen Sie nicht zu prüfen, ob Sie genug Stauraum zur Überwinterung Ihres Mobiliars haben.

Grundsätzlich bieten sich zwei Typen von Gartensitzen an – bewegliche und fest installierte, von denen die letzteren gewöhnlich aus Gußeisen, Natur- oder Kunststein sind. Gartenbänke aus Gußmetall oder Naturstein kann man zu entsprechenden Preisen natürlich auch als Antiquitäten erwerben. Andererseits bietet der Markt zum Glück auch preiswerte Reproduktionen aus diesen Materialien. Gartenbänke aus Kunststein, gerade oder gebogen, gibt es in klassischen Formen nach dem Vorbild von Modellen aus dem 17. und 18. Jahrhundert. Sie sind geradezu Gartenklassiker, die wenig Pflege erfordern und mit der Zeit eine nostalgische Patina entwickeln. Die modernen Gußmetallversionen benötigen jedoch regelmäßige Anstriche, um Rostbildung zu vermeiden.

Gartensitze können sehr dominante Objekte sein, deshalb sollte ihre Formgebung dem Gartenstil entsprechen. Ein Gartensessel in der großartigen Manier von Sir Edwin Luytens wäre in einem kleinen Landhausgarten völlig fehl

Gartensitze

1 Nachbildung einer gotischen Gartenbank aus weißlackierter Aluminiumlegierung.

2 Viktorianische Parkbank aus Gußeisen mit Holzlatten als Sitz und Lehne.

3 Nachbildung einer Luytens-Bank aus weißlackiertem Holz.

4 Klassische Holzbank aus unbehandeltem Eichenholz.

1

2

3

4

am Platz. Mit gut gestalteten Holzmöbeln gibt es im allgemeinen die wenigsten Probleme. Modelle aus heimischem Holz, naturfarben belassen oder in einem Anstrich passend zu den Grundfarben der Gartenszene, sehen ebenfalls sehr gut aus. Wenn Sie sich für Holzmöbel in Ihrem Garten entscheiden, müssen Sie jedoch regelmäßiges Abschleifen und Anstreichen in Kauf nehmen. Abblätternde Farbe an Ihrem Mobiliar beeinträchtigt die Wirkung erheblich.

Die schöpferischen Möglichkeiten, Gartensitze zu entwerfen, sind unendlich, und gerade hier beginnt das Vergnügen. Eine Scheibe aus einem Baumstamm ist ein idealer Einzelsitz, vorausgesetzt, er ist stabil und eben; eine Schienenschwelle oder eine dicke Holzplanke über Stein- oder Ziegelstapeln sind es nicht minder. Größere Betonpflastersteine können hier gleichermaßen verwendet werden. Jeder Treppenaufgang und jeder Höhenwechsel bietet Anreiz für eine Sitzmöglichkeit.

Wichtig und zu bedenken ist, daß man Gartensitze durch Einrahmung geschickt betonen kann. Selbst ein einfaches Sitzmöbel wird unter einer Kletterrose, einer Clematis oder einer umgebenden Pergola zur magischen Laube. Hübsche pavillonartige Sitzecken erhält man, indem man Gitterstrukturen an festen Tragstützen befestigt und bepflanzt. Eine immergrüne Kastenhecke, die einen Sitzplatz zu beiden Seiten flankiert, wirkt wie eine architektonische Umrahmung und bietet zudem noch Schutz vor Wind und Sonne.

Die Positionierung von fest installierten Sitzgruppen im Garten erfordert sorgfältige Planung. Blickachsen, Schutz vor der Witterung und Ausrichtung zur Sonne sollten die Plazierung mitbestimmen. Dauerhaft aufgestellte Gartensitze sollten fest auf einer harten Unterlage stehen, denn nichts ärgert im nachhinein mehr als das mühsame Schneiden von Hand um die Gartenmöbel herum. Außerdem leidet der Rasen unter den Sitzmöbeln durch ständige Beschattung.

Ist der Gartensitz nur für eine kurze Pause oder für ein nachmittägliches Lesestündchen im Freien gedacht? Für ersteres reicht eigentlich eine einfache Gartenbank, für zweiteres wäre wohl an einen bequemen, einladenden Sessel mit Kissen zum Ausruhen zu denken. Um so besser, wenn der Boden in unmittelbarer Nachbarschaft so eben ist, daß man auch ein Tablett mit Getränken risikofrei darauf abstellen kann.

In einem kleinen Garten löst man das Problem der Sitzmöblierung am besten auf folgende Weise: Eine feste Sitzgelegenheit ist ständig vorhanden und ein paar weitere bewegliche hält man in Reserve, wenn Wochenendgäste kommen oder eine Party unversehens ins Freie verlegt wird.

32

Oben: Gewöhnliche Gehwegplatten, nur wenig über dem Boden verlegt, ergeben eine denkbar preisgünstige Sitzgelegenheit. Der blumige Ginster und die großen Steine überspielen die harte Linienführung der Platten.

Rechts: Erfinderischer Gartensitz aus einem alten Baumstamm auf zwei Steinstützen. Die geschnittene Buchshecke liefert die »Sofa«-Lehnen.

Bögen
und Pergolen

Einige der häufig für Gartenarchitekturen verwendeten Materialien wie hölzerne Stützen für Kletterpflanzen, Holzzäune und Kunststoffstrukturen haben nur eine begrenzte Lebensdauer und müssen auch bei sauberer Verarbeitung und schützender Pflege innerhalb eines Jahrzehnts erneuert werden. (Manchmal werden auch Gußeisen oder Ziegelmauerwerk verwendet, doch sind diese recht teuer.) Andererseits hat diese vergängliche Gartenarchitektur den Vorteil, mit geringem Aufwand spektakuläre Effekte zu erzielen. Dies sollten Sie nutzen.

Während ein großer Garten normalerweise ausreichend Raum zum Experimentieren mit unterschiedlichen Materialien und verschiedenen Stilen bietet, sollten kleine Gärten die baulichen Stilvorgaben des angrenzenden Wohnhauses aufgreifen. Wenn Ihr Haus also neu ist, setzen Sie seine klare Linienführung in den Garten fort, indem Sie klare Formen und geometrische Strukturen ohne überflüssige Dekoration verwenden. Zu einem rustikalen Haus paßt ein ländlicher Garten mit Pergolen, Bögen, Abschirmungen oder Lauben, an denen Rosen, Clematis oder Geißblatt klettern; ein Stadthaus im klassischen Stil erfordert eher formale Strukturen mit symmetrisch konstruierten und angebrachten Gittern.

Auf einer kleinen Fläche können solche Strukturen als interessanter Blickfang wirken, den Garten in Teilbereiche gliedern und den Eindruck von größerer Weite vermitteln oder Eingänge, Ausgänge und Korridore bilden. Bögen sind vermutlich eine der beeindruckendsten Zutaten der Gartenarchitektur. Ein Einzelbogen mit Kletterpflanzen kann als spannender Rahmen wirken, durch den man in das Zauberreich des Gartens eintritt. Eine Bogenreihe wirkt dagegen wie eine Passage oder eine lange Pergola. Planen Sie sie breit und hoch genug, um bequem hindurchgehen zu können.

Es ist wichtig, daß Sie diese Strukturen nicht nur als mögliche Stützen für Kletterpflanzen sehen, sondern als bildnerische Bestandteile, die das Auge zu einem bestimmten rahmenbetonten Bereich leiten. Wie Hecken beeinflussen auch Bögen und Pergolen die Art und Weise, wie wir den Garten als Raum erleben. Schon während der Planungsphase sollte man die Verwendung solcher Gliederungselemente überdenken – möglicherweise hilft ein maßstäbliches Modell aus Pappe der Vorstellungskraft nach.

Oben: Ein etwas teurerer, aber effektvoller Stein- und Ziegelbogen bildet hier den optischen Rahmen für den rückwärtigen Garten und bietet Kletterhilfe für eine Rose.

Gegenüberliegende Seite, links: Die einfache, lackierte Holzpergola ist von üppigem Blauregen überrankt.

Rechts: Das elegante, von Rosen überrankte Eisengestell wird zusätzlich durch die formal geschnittenen immergrünen Boskketten betont.

Bögen und Pergolen

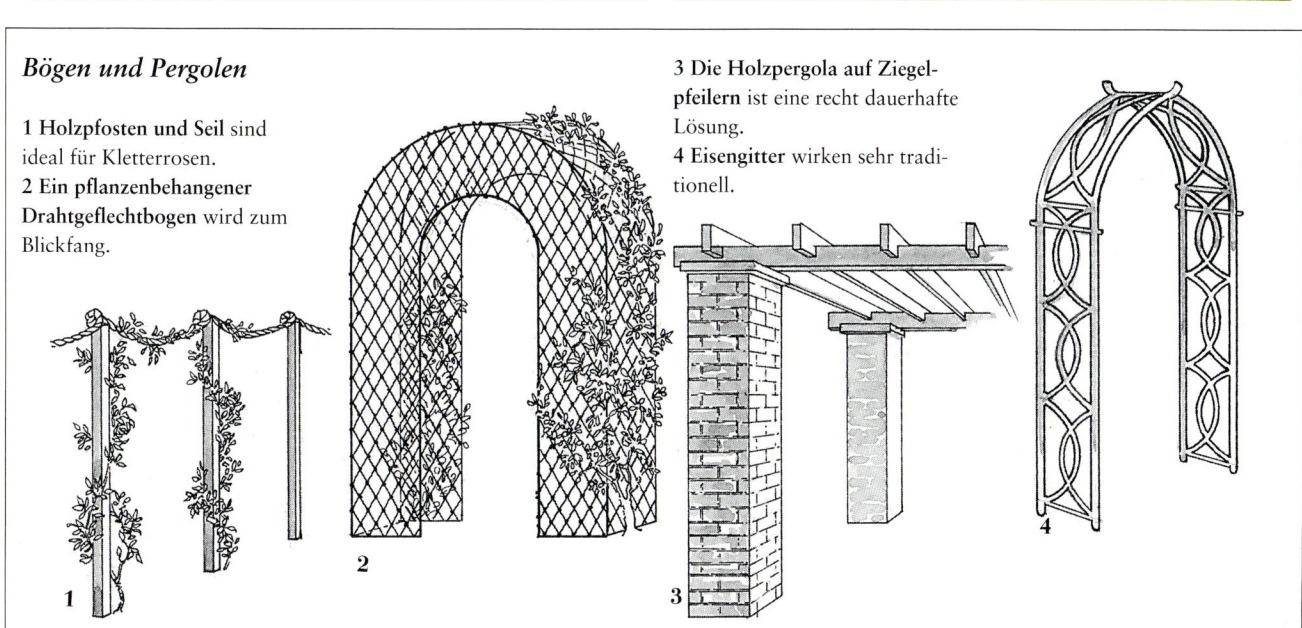

1 **Holzpfosten und Seil** sind ideal für Kletterrosen.

2 **Ein pflanzenbehangener Drahtgeflechtbogen** wird zum Blickfang.

3 **Die Holzpergola auf Ziegelpfeilern** ist eine recht dauerhafte Lösung.

4 **Eisengitter** wirken sehr traditionell.

Pflanzenerziehung

Unter der Erziehung der Pflanzen versteht man eine Zuformung in ein bestimmtes, geordnetes Muster von strengem geometrischen oder architektonischen Charakter. Für den gärtnernden Neuling ist die Bewältigung dieser Aufgabe recht schwierig, denn die Erziehung der Pflanzen erfordert eine Menge Zeit. Heutzutage ist fast alles eher auf den direkten Effekt ausgelegt, so daß die Gewißheit, fünf oder gar zehn Jahre auf ein vorzeigbares Ergebnis warten zu müssen, wenig attraktiv erscheint. Daher sollte man in dieser Richtung auch keine Versuche unternehmen, wenn feststeht, daß man nicht mindestens ein Jahrzehnt lang im dazugehörigen Haus wohnen wird. Zweitens ist es eine Tatsache, daß viele Pflanzen viel rascher wachsen, als man glaubt, so daß die meisten Muster und Effekte bei guter Materialwahl auch schon nach etwa fünf Jahren erkennbar werden. Nur die ersten beiden Jahre erscheinen unglaublich lang.

Klar umrissene architektonische Gestaltungen aus Eibe (*Taxus baccata*) oder Buchs (*Buxus sempervirens*) verleihen dem Garten Klasse, ob er nun streng formal oder locker im Landhausstil angelegt ist. Mit den heutigen Schneidewerkzeugen ist die Strauch- und Baumschneidekunst wieder etwas in Mode gekommen. Fertiggeschnittene und geformte Buchsbäumchen kann man auch zu ansehnlichen Preisen erwerben. In einem kleinen Garten ist eine pyramidal geformte Eibe mit einer geschnittenen Vogelfigur auf der Spitze ein erstrangiger Blickfang. Auch andere Sträucher, darunter Stechpalme (*Ilex*), Lorbeer (*Laurus nobilis*) oder gewöhnlicher Weißdorn (*Crataegus*), lassen sich durch regelmäßigen Schnitt in dekorative Formen zwingen.

In einem kleinen Garten ist nur beschränkter Raum für Bäume. Eine schnittverträgliche und formbare Art ist die rotbezweigte Sommer-Linde (*Tilia platyphyllos* »Rubra«). Selbst auf kleinem Raum läßt sich damit eine Art Flechtwerk erreichen, indem man die Triebe jeweils durch einen Holzrahmen (oder ein Bambusgestänge) biegt und miteinander verdrillt. Miniatur - Obstbäume lassen sich auf diese Weise zu interessanten Spaliergehölzen in Kränzen oder Fächerformen erziehen.

Formal erzogene Pflanzen sind für das Gartendesign sehr wichtig und wirken besonders auffallend während des Winters, wenn die ablenkende Wirkung des Blattwerks fehlt. In architektonische Formen gebrachtes Zweigwerk oder zu strengen Geometrien geschnittene Immergrüne bilden ein abstraktes Mustergefüge, das man im Garten auch während des Winters gerne anschaut.

1

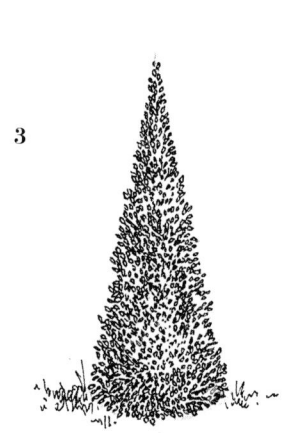

2

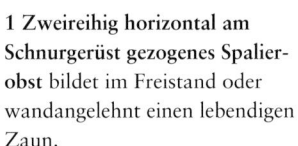

3

4

1 Zweireihig horizontal am Schnurgerüst gezogenes Spalierobst bildet im Freistand oder wandangelehnt einen lebendigen Zaun.
2 Fächerförmig gezogenes Spalierobst sollte sich am besten an eine Mauer anlehnen können. Schattenmorellen oder Pfirsiche eignen sich für diese Kultur besonders gut.
3 Pyramidal geschnittene Boskette aus Eibe oder Buchs. Auch Lorbeer oder Stechpalme lassen sich in diese Form bringen.
4 Kletterhilfe und Drahtkorb bieten Sommerjasmin die Möglichkeit zu freier Entfaltung.

Rechts: Eine niedriggehaltene, geschwungene Hecke und in Kugelform geschnittener Buchs flankieren ein Rosenbeet.

Unten: Die abstrakten Formen gestutzter Linden mit ihren dichten Triebbüscheln an den Enden wirken wie außergewöhnliche Gartenkandelaber.

Wasser

Um Wasser in einem kleinen Garten als Gestaltungsmittel erfolgreich einzusetzen, bedarf es sorgsamer Vorüberlegungen. Von allen gartenarchitektonischen Elementen können Wasserbehältnisse am ehesten leicht lächerlich aussehen. Nur wenige Ausstattungsstücke eines durchschnittlichen Kleingartens sind zudem so enttäuschend wie die sogenannten Naturteiche, bei denen es sich in dieser Größenordnung fast ausnahmslos um Plastikwannen handelt, die in großen Mengen in den Gartencentern angeboten werden.

Erfolgreicher läßt sich der Garten mit Wasser gestalten, wenn dafür praktisch die gesamte verfügbare Fläche verwendet wird oder die betreffende Gestaltung exakt diese Illusion erzeugt. Dann wirkt die Anlage tatsächlich wie ein Wassergarten und nicht wie ein Garten mit einer Wasserpfütze.

Ein Wassergarten erfordert jedoch ständige Betreuung: Wenn das Wasser nicht ständig sauber und in Bewegung gehalten wird, wird es leicht trübe und übelriechend; bei sommerlicher Hitze verdunstet eine Menge Wasser, das nachgefüllt werden muß; Abdichtungen können lecken, so daß der Teich auslaufen kann. Ohne Netzschutz können im Herbst große Mengen Fallaub ins Wasser gelangen und zur Faulschlammbildung führen. Im Winter kann die Wasserfüllung zu Eis gefrieren und zum lebensbedrohenden Problem für die im Teich lebenden Fische werden oder die Randabdichtungen in Mitleidenschaft ziehen. All diesen Nachteilen muß man jedoch die unleugbare Schönheit eines großen, gutgepflegten Gartenteichs unter klarem, sonnigem Himmel entgegenhalten.

Kleinere Wasserelemente können auf ihre Weise ebenfalls attraktiv aussehen. Wenn sie keinen Pflanzen- oder Tierbesatz aufweisen, sind sie auch relativ pflegeleicht. Ein tiergesichtiger Wasserspeier oder auch nur eine einfache Zulaufröhre in eine Schale, eine Zisterne oder einen Trog vermittelt den Eindruck von Wasserfülle ohne nennenswerten Aufwand. Solche Details eignen sich gleichermaßen als Blickfang im Stadthausgarten oder als Abschluß einer Sichtachse. Um ein Wasserbecken lassen sich sehr gut dekorative Pflanzen wie Schwertlilien oder Funkien gruppieren. Aufwendigere Brunnenanlagen sollte man eher zurückhaltend betrachten – sie passen nicht zu kleinen Gartenräumen, wo eine möglichst einfache Konzeption die Regel sein sollte.

Links: Ein kleines Wasserbecken läßt sich zu großer
Wirkung steigern. Hier
kommt ein bescheidenes
Becken erst durch das Krug-
stilleben im Hintergrund
richtig zur Geltung.

Unten: Ein dem Wasser fast
ganz überlassener Garten mit
Plankenwerk zum Begehen.

Ganz unten: Asymmetrische
Bepflanzung eines runden
Teichs mit Seerosen, Röhricht
und Heckensaum.

Gartenskulpturen

Die einzelne Steinkugel ist zwar nur eine einfache architektonische Form, sie steht aber in sehr wirkungsvollem Kontrast zur Unregelmäßigkeit der locker aufgeschichteten Mauer im Hintergrund und den Felsrosen.

Ornamentale Gartenplastiken sollte man nicht vernachlässigen oder als unnötige Zutat empfinden – wenn man sie einsetzt, sind sie im Gesamtdesign des Gartens von Anfang an zu berücksichtigen. Blattwerk vergeht, Blumen blühen und welken, aber Gartenskulpturen behaupten ihren Platz das ganze Jahr über.

Wer sich Antiquitäten leisten kann, wird bei speziellen Fachgeschäften alle möglichen Dekorationsstücke für den Garten erhalten. Man findet aber durchaus auch ansehnliche Repliken klassischer Gartenstatuen, die garantiert nach einem bedeutenderen Original an nachgewiesener Stelle gearbeitet sind. Diese Stücke sind zwar teuer, aber sehr hübsch. Geeignete Fragmente architektonischer Dekorstücke bekommt man manchmal ebenso bei Abbruchunternehmen oder bei Trödlern. Gewöhnlich ist die Auswahl im Handel aber sehr beschränkt. Seien Sie vorsichtig mit ornamentalen Figuren. Vertrauen Sie lieber auf einfache Formen und Gestalten wie Säulen, Obelisken, Kugeln oder Zapfengestalten. Selbst diese können überladen wirken. Vertrauen Sie in diesem Fall dem Rat eines Freundes mit gutem Geschmack.

Kleine Gärten benötigen gewöhnlich nur ein einzelnes Schmuckobjekt, das zum Blickfang schlechthin werden und immer der genauen Betrachtung zugänglich sein sollte, denn man wird den Besucher schon aus räumlichen Gründen mit optischen Tricks kaum davon abhalten können, nahe an das gute Stück heranzutreten. Sparen Sie bei dieser Investition nicht.

Entscheiden Sie sich für zwei Schmuckobjekte auf beschränktem Raum, sollten diese paarweise aufeinander bezogen sein, wie beispielsweise zwei Obelisken, die einen Sitzplatz flankieren. Der Maßstab ist entscheidend. Kleine ornamentale Stücke können auf ein Podest gestellt werden, um an Höhe und Gesamtwirkung zu gewinnen. Zu hohe Objekte wirken dagegen fehl am Platz. Fertigen Sie zuvor ein originalgroßes Modell aus Pappe an und beurteilen Sie seine Wirkung vor Ort. Zögern Sie auch nicht, Ihre Gartenplastik woanders hinzustellen als ursprünglich geplant. Manchmal dauert es eben Jahre, ehe das Umfeld stimmt und der richtige Aufstellungsplatz gefunden ist.

Vermeiden Sie Objekte minderer Qualität oder mit einer unnatürlichen Farbfassung, die eine angejahrte Patina in

Oberflächenvertiefungen vortäuschen soll. Zu den besonderen Gartenfreuden gehört auch zuzusehen, wie ein Schmuckstück allmählich vor Ort altert. Diesen Prozeß kann man etwas beschleunigen, indem man saure Milch darübergießt.

Schmuckstücke

1 Obelisk
2 Vasen in Zapfendekor
3 Papst Alexander-Urne
4 Sonnenuhr auf einem Säulen-
schaft

*Oben: Der große Terrakotta-
Kübel ist auch ohne Bepflanzung ein hübscher Blickfang.*

*Links: Der reichbestückte
Obstkorb ist ebenfalls ein
charmantes klassisches Dekorationsstück.*

41

Pflanzgefäße

Bevor ich nun auf die besonderen Freuden von Pflanzge-
fäßen zu sprechen komme, will ich zunächst deren Nach-
teile erwähnen: Sie erfordern eine Menge Arbeit. Wer nur
mit minimalem Aufwand gärtnern möchte, sollte an sie keinen Gedanken verlieren. Die einzigen mir bekannten pfle-
geleichten Pflanzen für Pflanzgefäße sind Hauswurz-Arten
(*Sempervivum*). Füllen Sie dafür die Erde bis zum Gefäß-
rand und pflanzen Sie verschiedene Varietäten ein. Diese
vermehren sich lebhaft und werden schon bald in Kaskaden
über die Ränder wachsen. Von diesen genügsamen Ausnah-
men abgesehen, benötigen Pflanzen in Gefäßen immer regelmäßige Pflege mit Austausch der Pflanzerde, Düngung

*Unten: Ungewöhnliches,
aber wirkungsvolles Ensemble moderner Pflanzkübel
und Steine in verschiedenen
Abmessungen.*

*Oben: Im Sommer kommen
die Pflanzkübel aus dem
Winterquartier ins Freie. Hier
ergänzen Terrakottakübel mit
scharlachroten Geranien das
hübsche Pflasterwerk.*

Pflanzgefäße

1 Flechtkorbkübel, Kunststein

2 Terrakottatopf mit Girlandendekor

3 Versailles-Kübel aus weißlackiertem Holz

4 Klassische Pflanzurne aus Kunststein

5 Halbfaß aus hölzernen Dauben

und Gießen. Nichts sieht deprimierender aus als Pflanzgefäße, die im Unkraut versinken oder nur tote Blumen enthalten.

Auf der anderen Seite bieten Pflanzgefäße eine Menge interessanter Gestaltungsmöglichkeiten. Ein wichtiger Punkt ist allerdings hervorzuheben: Obwohl Plastiktöpfe für Zimmerpflanzen hervorragend geeignet sind, ist davon abzuraten, sie im Außenbereich zu verwenden. Wie im Fall der Gartenskulpturen sollten Pflanzgefäße für das Freiland aus natürlichem Material wie aus Naturstein, Holz, Ton, Terrakotta oder Kunststein gefertigt sein. Ausnahmsweise kann man angestrichene Holzkübel oder gefärbte Fiberglasgefäße zulassen.

Wenn genügend Platz und Licht vorhanden ist, sollten die transportablen Ton-, Stein- oder Holzkübel drinnen überwintern. Größere Pflanzgefäße wie Tröge, Urnen oder Fässer sind dagegen ganzjähriger Bestandteil der Gartenbestückung. Auch hier ist ein besonders gutes Stück besser als eine Ansammlung schlechter. Die Auswahl hübschgestalteter Gefäße ist groß. Klassisch sind beispielsweise große Terrakottakübel, entweder glattwandig oder mit einem Dekor aus Löwenköpfen und anderen Mustern. Die aus Italien importierten Pflanzkübel sind mit Abstand die besten. Daneben gibt es natürlich auch viele minderwertige Angebote, die man an ihrer schlechten Form oder am einfallslosen Dekor erkennt.

Holzcontainer bieten sich ebenfalls an. Hölzerne Halbfässer in verschiedenen Größen und mit Metallreifen gesichert, sind die vereinfachte Version des vornehmen Versailles-Kübels, der mit seinem weißen Anstrich und einem sorgfältig geschnittenen Buchs oder Lorbeer eine besonders elegante Note aufweist.

Außerdem sind zahlreiche Stilgefäße im Angebot, mitunter als Nachbildungen aus berühmten großen Gärten. Die klassische Urne auf eigenem Podest ist kaum zu übertreffen, obwohl ihr der steinerne Korb als Pflanzgefäß in der Wirkung sehr nahekommt. Wie bei den Gartenskulpturen sind Stil, Format und Aufstellungsort solcher Dekorationsgefäße von besonderer Bedeutung.

Pflanzgefäße bieten sich besonders an, um plötzliche Wechsel in Stimmung und Wirkung hervorzurufen. Ich bestücke Pflanzurnen sehr gerne mit Hyazinthen, die, vom Haus aus betrachtet, den Frühling auf Augenhöhe erleben lassen. Der Frühsommer bringt dann den Tag, an dem es warm genug ist, die Geranien auszupflanzen, womit der Garten gleichsam im Handumdrehen sein Aussehen verändert. Man kann Gefäße mit blühenden Blumen aus der Gärtnerei bepflanzen, um sofort etwas Farbe selbst in dunkle Winkel zu transportieren. Sorgen Sie immer für genügenden Wasserablauf im Boden des Pflanzgefäßes, für frische, nährstoffreiche Komposterde, gute Düngung und ausreichendes Gießen, oder alle Mühe war umsonst.

Spielereien

Unten: Ein »Beichtstuhl« aus Lebensbaum (Thuja) verleiht diesem formalen Garten eine besonders exzentrische Note.

Ganz unten: Diese Musenstatue ist eine Augentäuschung – sie ist lediglich eine Ausschnittfigur, aber ein wirkungsvoller Ersatz für eine echte Skulptur.

Rechts: Der ansonsten gewöhnliche Garten erhält durch diesen viktorianischen Taubenschlag einen Hauch von Phantasie.

Allerhand Spielereien jeglicher Gestalt und Größe dekorieren die großen Gärten dieser Welt, von einer chinesischen Pagode über Triumphbögen und nachgebaute Burgruinen bis hin zu künstlichen Grotten. Solche Stilmittel sind für jeden Gartendesigner eine besondere Herausforderung. Der Garten war schon immer ein Ort, in dem man Ungewöhnliches realisieren konnte – eine abgeschiedene Welt zum Träumen, Grübeln und Nachdenken.

Dies gilt auch für sehr kleine Gärten. Die hier vorgestellten Beispiele belegen die vielfältigen Möglichkeiten, auch auf kleinem Raum ein privates Arkadien zu schaffen. In Ihrem Garten kann sich Ihre Phantasie frei entfalten, und Ihre Träume und Ideen können Gestalt annehmen. Ein romantischer Rosengarten könnte beispielsweise mit Ausschnittfiguren aus einem anderen Zeitalter bevölkert werden, oder Sie könnten einen Bildhauer beauftragen, eine Säule oder einen Obelisken mit einer Familieninschrift, Ihrem Hochzeitsdatum oder dem Geburtstag eines Kindes zu schaffen. Inschriften sind nicht nur für den Friedhof bestimmt, auch auf einer Gartenmauer können sie an ein Ereignis erinnern oder eine Verszeile festhalten, um die Stimmungen zu verstärken, die Sie mit der Bepflanzung anstreben.

In die Kategorie extravaganter Spielereien gehören meiner Meinung nach alte Statuetten und große Urnen, die Verwendung von Naturstein und jede Art von Gartengebäude, sei es ein Tempelchen, eine Grotte, ein Sommerhaus oder ein Pool. Alles erfordert sorgfältig vorbereitende Planung und oft die Hilfe von Fachleuten, möglicherweise sogar von Designern oder Architekten. Bedenken Sie dabei immer, daß Gartengebäude traditionell nicht unbedingt nützlich sein müssen, sondern eine bestimmte Vorstellung transportieren oder einen historischen Stil fortschreiben. Dieses besondere Element der Imagination ging in diesem Jahrhundert verloren, seitdem Gartenhäuser aus Holz industriell gefertigt werden wie Hühnerställe. Eine Laube mit gotischem Gitterwerk oder ein Sommerhaus mit Türmchen und Zinnen hat Charme und Esprit – die Zeit ist reif, beides neu zu beleben.

Formsträucher bieten ebenfalls unendliche Möglichkeiten. Alles vom Haus bis zur Schachfigur, sogar Buchstaben oder Tierfiguren, können durch Schnitt gestaltet werden. Solche Zutaten verleihen einem Garten fraglos Charakter und Einzigartigkeit.

TRAUMGÄRTEN

Die nun folgenden 24 Gärten wurden nach ihren spezifischen und individuellen Stilmerkmalen ausgewählt. Sie sind nicht nur persönlicher Ausdruck des jeweiligen Besitzers oder Designers, sondern auch eine Antwort auf Umfeld, Architektur, Nutzung und Lage des Gartens. Jeder dieser sehr gelungenen Gartenentwürfe bietet zwar eine Art Rezept, aber keines, dem man tatsächlich in allen Details folgen müßte.

   Die Pflanzpläne, welche die Illustrationen begleiten, geben so genau wie möglich den Originalentwurf wider. Hier und da sind sie mit etwas künstlerischer Freiheit weiterentwickelt worden, weil entweder die Originalunterlagen nicht zugänglich waren, keine genauen Vorplanungen bestanden oder in anderen Fällen die inzwischen herangewachsenen Pflanzen den ursprünglichen Plan bereits verändert hatten. In jedem Fall wurde die empfohlene alternative Bepflanzung so ausgesucht, daß sie sich dem Charakter des jeweiligen Gartens optimal einfügt.

Der abgeschiedene Garten

Dieser Garten zeigt, was man auf einer Fläche erreichen kann, wie man sie wohl auf der Rückseite vieler Stadthäuser aus dem 19. Jahrhundert antrifft – ein kleines Rechteck, das von einer Ziegelmauer umgeben ist. In diesem Fall kommt noch ein wenig Raum auf einer Seite hinzu, so daß die verfügbare Fläche L-förmig geschnitten ist. Dieser kleine Garten wurde so gestaltet, daß er vom Haus aus wie ein Tableau erscheint, das den Raum eher als Gewächshaus ohne Glasüberdachung auffaßt. Die Hauptansicht mit ihren Palmen und Topfpflanzen vermittelt exakt die üppige Fülle eines gründerzeitlichen Grünhauses. Nur der moderne Klappstuhl paßt nicht so recht in die Szene - eine gußeiserne Sitzgelegenheit des 19. Jahrhunderts (Original oder Nachbildung) hätte besser gepaßt.

In diesem Garten ist alles so genau zu sehen, daß die Verwendung von Billigmaterial nicht angeraten ist. Der Eigentümer hatte das Glück, guterhaltene, alte Ziegelmauern vorzufinden. Dazu passende Ziegel umrahmen den kleinen Teich, der übrige Plattenbelag ist von guter Qualität. Die Statue, welche die Ansicht vervollständigt, muß ebenfalls manchen prüfenden Blick ertragen. Dagegen fallen minderwertigere Skulpturen in großen Gärten schon allein wegen der größeren Entfernung kaum unangenehm auf.

Der Grundriß bevorzugt gerade Linien, die auch die schmalen Beete parallel zu den Grenzmauern und zur Hauswand festlegen. Der Eindruck der Dichte entsteht durch reichliche Bepflanzung und eine große Anzahl Topfpflanzen. Natürlich müssen die Palmen ebenso wie die meisten anderen Topfpflanzen drinnen überwintert werden. Pflanzen in Gefäßen erfordern immer einen größeren Pflegeaufwand.

Immergrüne Pflanzen bedecken die rückwärtige Wand. Sie bilden eine Blattlaube für die Statue und vermitteln ein wenig den Eindruck, daß der Garten dort noch weiter reicht, als er es in Wirklichkeit tut. Neuseeländischer Hanf (Phormium tenax) mit seinen langen, schwertförmigen Blättern bietet einen angenehmen Kontrast zum handförmig geteilten Laub der Zimmeraralie (Fatsia japonica), einer anspruchsvollen Art mit weißen Blütenrispen im Herbst. Die dritte hier verwendete immergrüne Pflanzenart, die hübsche Großblütige Magnolie (Magnolia grandiflora), eignet sich eher für ein großes Landhaus in milder Klimalage. In kleinen Gärten muß man sie alle paar Jahre

Der Blick aus dem ersten
Stock läßt den zugrunde-
liegenden Plan gut erkennen,
der hier mit einer üppigen
Bepflanzung versehen ist.

Der kleine Pool in der Mitte,
der einfallendes Sonnenlicht
reflektiert, und die Statue
in einem Winkel verleihen
diesem abgeschiedenen Stadt-

garten eine ruhige und zeit-
los-elegante Note.

stark zurückschneiden. Ein Feuerdorn (*Pyracantha*) oder ein immergrünes Geißblatt wären an dieser Stelle empfehlenswerter.

Selbst auf dieser kleinen Fläche wächst eine Anzahl kleiner Bäume, allesamt unterschiedlich in Form und Farbe der Belaubung, Rinde und Verzweigung: zwei japanische Fächer-Ahorne (*Acer palmatum*), und zwar die Form »Dissectum« mit feingeschlitzten Blättern und die purpurne Varietät »Atropurpureum«, dazu die goldlaubige Robinie (*Robinia pseudoacacia* »Frisia«) sowie ein Berg-Ahorn, der für diesen Standort allerdings rasch zu groß wird.

Hinzu kommen in diesem Garten Jasmin, Tabak, Fleißiges Lieschen (weiß), Rosen, Clematis, Baumpäonie, Kamelie, gelbgrüner Frauenmantel, Fuchsien, Hopfen (*Humulus lupulus*) und Farne. Dieser Garten benötigt sorgfältige, ganzjährige Pflege, die Belohnung ist dafür eine spektakuläre visuelle Befriedigung.

Pflanzplan

1 *Hedera helix* »Hibernica«
2 *Robinia pseudoacacia* »Frisia«
3 *Fatsia japonica*
4 *Clematis*-Hybride
5 *Phormium tenax*
6 *Magnolia grandiflora*
7 *Camellia japonica* »Mercury«
8 *Vitis coignetiae*
9 *Pittosporum tobira*
10 *Acer palmatum* »Osakazuki«
11 *Impatiens valleriana*
12 *Nicotiana affinis* (*N. alata*)
13 *Eucalyptus gunnii*
14 *Clematis armandii*
15 *Betula pendula*
16 *Hedera canariensis* »Gloire de Marengo«
17 *Prunus subhirtella* »Autumnalis Alba«
18 *Parthenocissus veitchii*
19 *Rosa* »Cardinal de Richelieu«
20 *Daphne x burkowoodii*
21 *Camellia x williamsii*
22 *Acer palmatum* »Atropurpureum«
23 *Trachycarpus fortunei*
24 *Arundinaria* sp.
25 *Paeonia lutea*
26 *Humulus lupulus* »Aureus«
27 *Acer palmatum* »Dissectum«

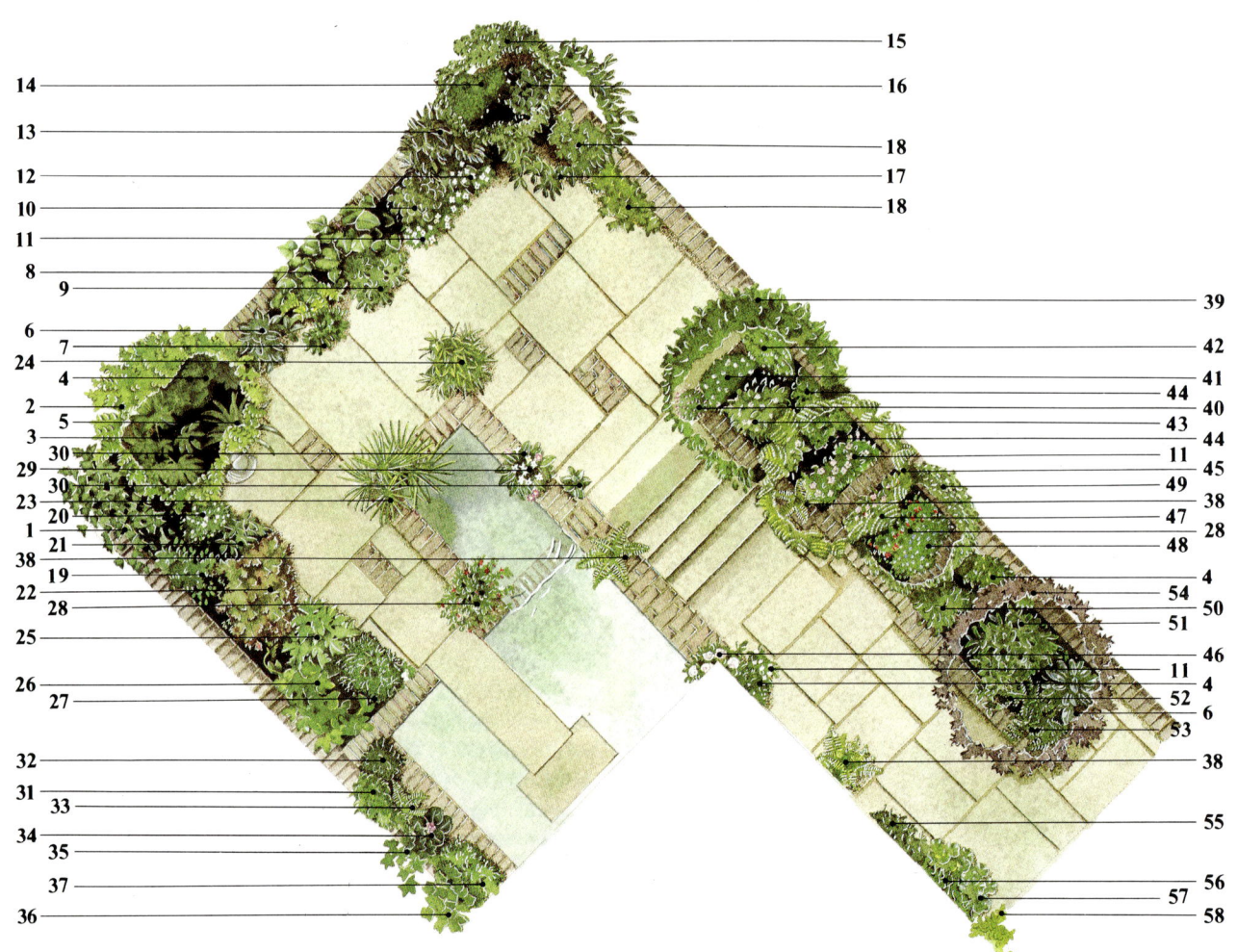

Fenstertüren rahmen die Hauptsichtachse, deren Blickfang die Statue ist. Obwohl viele Pflanzen winterhart sind, vermittelt der Garten im Sommer den Eindruck tropischer Fülle.

Der Farbthemengarten

Kontrollierte Farbe im Garten ist einfach alles. Die Gartendesignerin, die sich vor allem anderen mit diesem Thema beschäftigte war Gertrude Jekyll, deren überaus anregendes Buch »Colour Schemes for the Flower Garden« (»Farbschemata für den Blumengarten«) 1908 erschien und immer noch als informativer Klassiker gilt. Sie beginnt ihre Beschreibung von Gärten mit nur ein oder zwei Farben mit dieser Warnung:

»... ein blauer Garten mag aus Gründen der Schönheit nach Zitronengelb verlangen, aber er bekommt es nicht, weil man ihn einen blauen Garten nennt, und deshalb kommen für ihn nur Pflanzen mit blauen Blüten in Frage. Ich kann darin keinen Sinn sehen. ... Jeder erfahrene Farbkünstler weiß, daß Blautöne wesentlich intensiver wirken - wirklich blauer– ,wenn sie mit einer richtig plazierten Komplementärfarbe kombiniert werden.«

In der Folge stellt sie eine Reihe von Farbgärten vor, die das Auge durch Orange, Grau, Gold, Blau und Grün geleiten. Eine Hauptregel steht dabei allen voran – die Vermeidung von knalligen oder schreienden Farben innerhalb einer abgestuften Serie.

Wenn man in einem kleinen Garten die Auswahl nur auf eine Farbe beschränkt, etwa Weiß oder Silbergrau, kann dies schnell eintönig und langweilig wirken. Es ist besser, einfarbige Partien als Bestandteile eines sehr großen Gartens zu konzipieren, in den sie eingebettet sind. Es ist schwierig, auf kleinem Grundriß mit weniger als zwei Farben Aufmerksamkeit hervorzurufen und genügend Abwechslung zu erreichen. Der hier vorgestellte Garten zeigt die klassische Kombination von purpur-blauen und gelben Blüten. Entsprechend der Empfehlung von Gertrude Jekyll, durchaus die Regel zu durchbrechen, sind auch ein paar Flecken von Hellrot und Weiß eingestreut. Auf dieser beschränkten Fläche könnten Rosa und Weiß, Orange und Silbergrau oder Blau und Weiß gleichermaßen gut aussehen, aber vermeiden Sie jedes kräftige oder schreiende Rot.

Für einen Garten dieser Art ist viel sorgfältige Planung erforderlich, nicht nur um eine ausgewogene Komposition zu erreichen, sondern auch um Aufmerksamkeit durch die Jahreszeiten zu erregen. Das Foto zeigt den Garten im Sommer mit dem Gelb der Taglilien (*Hemerocallis*), von Frauenmantel (*Alchemilla mollis*) und Schafgarbe (*Achillea*).

Weitere gelbblühende Alternativen wären Färberkamille (*Anthemis tinctoria*), Goldrute (*Solidago* x *hybrida*) oder Mädchenauge (*Coreopsis*). Das Purpurblau von Flockenblume (*Centaurea*), Salbei (*Salvia*) und Garten-Stiefmütterchen (*Viola* x *wittrockiana*) könnten auch Glockenblumen (*Campanula*), Lupinen (*Lupinus*-Hybriden) oder eine der Teppichphlox-Varietäten »Harlekin« oder »Marlborough« ersetzen. In dieser Auswahl sorgen Rittersporn, Jupiternelke und Sumpf-Schafgarbe (*Achillea ptarmica*) für weiße Farbakzente. Weiße Pfingstrosen oder weißer Agapanthus böten sich ebenfalls an. Im Frühling und im Herbst könnten Krokus, Blaustern, Träubelhyazinthe oder etliche Astern verschiedene Blautöne beisteuern, bei den gelbblühenden Pflanzen eignen sich Krokus und Sonnenbraut. Viele Bücher und Gartenkataloge listen die Pflanzen nach Blütenfarben und Blühsaison auf, so daß die Auswahl nicht schwer ist. Wichtig ist, daß auf wenige Farbtöne beschränkte Gärten einen Hintergrund wie eine Hecke oder eine Gartenmauer benötigen, um die Gesamtwirkung zu steigern. Gegen eine wildbewegte Szenerie betrachtet, erscheint ein Farbthemengarten nahezu ausdruckslos. Ich würde die einzelnen Farbgruppen in einem solchen Garten auf getrennte Flächen oder Randbeete verteilen. Alternativ könnte man verschiedene Farben auch mit den Jahreszeiten wechseln: Ein blauweißer Frühlingsgarten wird zum orange-grauen Sommerparadies. Dies erfordert jedoch eine äußerst genaue Planung.

Ein kleiner Garten mit einer klassischen Kombination von Purpurblau und Gelb sowie wenigen Tupfern Rosa und Weiß.

Der Teppichgarten

Schatten ist nicht unbedingt ein Feind des Gärtners. Er ist es nur in Verbindung mit trockenem, nährstoffarmen Boden, beispielsweise unter konkurrenzstarken Bäumen, wo Kräuter und Stauden kaum überleben. Wenn der Boden mit gut verrottetem Kompost angereichert und regelmäßig feucht gehalten wird, ist grüner Üppigkeit praktisch keine Grenze gesetzt. In dem hier gezeigten Beispiel, dem Hinterhof eines städtischen Wohnhauses aus dem 19. Jahrhundert, ist die Schattenwirkung positiv genutzt. Die Grundfläche ist unregelmäßig zugeschnitten und wegen der allseitig hohen Grenzmauern ohne direktes Sonnenlicht. Die Mauern sind hellgetüncht, damit sie alles verfügbare Licht reflektieren und einen Kontrast zur Bepflanzung bilden. Rotes Ziegelmauerwerk würde dagegen dunkel wirken und kein Licht reflektieren.

Das angehobene Beet wird von einem Kies- beziehungsweise Plattenweg bis zu den Grenzmauern flankiert. Pflanzanregung waren einerseits die typische Bodenvegetation tiefer Schluchten und die berühmten japanischen Moosgärten von Kyoto und Nara.

In diesem Garten wurde der samtige Moosteppich durch Bubiköpfchen (*Soleirolia soleirolii*) ersetzt. Es ist in milden Gegenden winterfest und immergrün, verfärbt sich jedoch bei Frostschäden schwarz. Es gehört in die engere Verwandtschaft der Brennesseln und kann wie diese in Steingärten oder Gewächshäusern sogar als Unkraut auftreten. Die Kiesschüttung des Wegs verhindert in diesem Fall unerwünschte Kolonien. Die gleiche dekorative Wirkung wäre auch mit Kleinem Immergrün (*Vinca minor*) zu erzielen, das im mitteleuropäischen Klima auf jeden Fall winterfest ist und vom späten Frühjahr bis in den Sommer hinein seine hübschen blauen Blüten entwickelt. Diese Pflanzen benötigen eine gute Humusauflage aus gutgegartem Garten- oder Laubkompost.

Der Japanische Engelbaum (*Aralia elata*) bringt ein vertikales Element in die Szenerie. Er wirft seine großen gefiederten Blätter im Herbst ab, so daß im Winter nur sein schlanker, dorniger Stamm zu sehen ist. Die aus Mexiko stammende Orangenblume (*Choisya ternata*) bietet mit ihrem glänzenden immergrünen Laub einen bleibenden dekorativen Hintergrund, während die Blütenstände des weißblühenden Federmohns (*Macleaya cordata*) im Sommer eine Höhe von 90 cm und mehr erreichen.

Andere Stauden, die den grünen Teppich aus Bubiköpfchen durchbrechen, sind die Japanische Anemone (*Anemone hupehensis*) mit ihren becherförmigen, weißlichen oder hellrosa Blüten, das Kaukasusvergißmeinnicht (*Brunnera macrophylla*) mit herzförmigen Blättern und blauen Blüten im Frühjahr sowie die Gefleckte Taubnessel (*Lamium maculatum* »Roseum«). Die Taubnesselblätter sind leicht panaschiert, die Blüten hellrosa und nicht so kräftig purpurn wie bei der Wildpflanze.

Die Zipfel der tief eingeschnittenen Blätter der Stinkenden Nieswurz (*Helleborus foetidus*) sind fingerlang. Sie bilden hier eine dunkle grüne Masse im Kontrast zur helleren Taubnessel. Ich würde weitere Formen dieser interessanten Pflanze einbringen, beispielsweise die Weiße Christrose (*Helleborus niger*) oder die Lenzrose (*Helleborus orientalis*), beide langlebige und genügsame Pflanzen, die schon im sehr zeitigen Frühjahr wochenlang blühen. Bei *Helleborus foetidus* sind die Blüten glockig, hellgrün und manchmal maronenbraun umsäumt. Andere Arten oder Gartenformen reichen vom Reinweiß bei *Helleborus niger* »Potter's Weed« bis zum dunklen Schwarzpurpur der *Helleborus orientalis*-Hybriden »Heartsease«.

Die hohe Wand ist mit Efeu bedeckt, doch würde ich hier eher die Kletterhortensie (*Hydrangea anomala petiolaris*) empfehlen. Auf besonnten oder schattigen Flächen ist sie auch als Bodendecker verwendbar, mit rundlichen kräftig grünen Blättern und flachen, grünlich-weißen Schirmrispen im Hochsommer.

Das hier gezeigte Beispiel ist ein höchst ungewöhnlicher Stadthausgarten, der jeden architektonischen Formalismus unterläßt. Eine zusätzliche Pflanzschale oder eine Statue würden ohne Qualitätsverlust für den Gesamteindruck rund ums Jahr einen Blickfang bieten. Der Pflegeaufwand ist insgesamt gering.

Gesamtansicht des schattigen Haushofs, in dem die Farbe sehr kontrolliert eingesetzt ist: eine Palette von Grüntönen mit wenigen weißen und rosafarbenen Blüten als sparsam eingestreuten Farbflecken.

Pflanzplan

1 Hedera helix
2 Ailanthus altissima
3 Ficus carica
4 Fatsia japonica
5 Aralia elata
6 Choisya ternata
7 Dryopteris filix-mas
8 Macleaya cordata
9 Helleborus foetidus
10 Lamium maculatum »Roseum«
11 Luzula nivea
12 Brunnera macrophylla
13 Anemone hupehensis
14 Campanula portenschlagiana
15 Soleirolia soleirolii

Die herabhängenden Blätter von Aralia elata *bedecken Farne und Blühstauden, zu denen* Helleborus foetidus *und* Lamium maculatum »Roseum« *gehören.*

Detail des Bodenteppichs aus Bubiköpfchen und Brunnera macrophylla, *die im Frühjahr blaue vergißmeinnichtähnliche Blüten trägt.*

Der Kräutergarten

Kräutergärten sind entweder bäuerlich bunt oder streng formal. In letzterem Fall besteht er meist aus einer kunstvollen Pflanzenkaskade in der Nähe zur Küche. In diesem Kräutergarten mit seinem speziellen italienischen Flair wurde auf jede Einzelheit sorgfältig geachtet und die Kombination von harten Bodenbelägen, verschiedenen Blattformen, Pflanzengestalten, Farben und Düften sorgsam abgestimmt.

Hier wurde aus der Not eine Tugend gemacht und aus einem ungünstigen, schmalen Rechteck ein Garten gestaltet. Seine Längsausdehnung wird durch die Heckenwand aus immergrüner Eibe betont, die den empfindlicheren Arten zudem Schutz bieten kann und sehr effektvoll mit der Perspektivwirkung spielt. Am Ende des Pfades ist die Hecke nämlich ein wenig niedriger gehalten und bildet hier eine Art Mauer, zur Mitte hin geschmückt mit Schnittkugeln, die eine weitere Ausdehnung des Gartens andeutet.

Der Angelpunkt dieses Designs ist jedoch die Unterbrechung der Längserstreckung in der Mitte des ziegelgesäumten Kieswegs, wo ein alter Mühlstein sowie weitere im Kreis verlegte Ziegel und Kiesbelag die Gartenmitte unterstreichen. Diesen Eindruck verstärken die kugelförmig geschnittenen Buchssträucher, vier in der Mitte und zwei im Eingangsbereich, sowie die hochragenden Buchsspiralen, die ein perfektes Architekturelement bilden. Ich gebe zu, daß ich hier gerne noch zwei steinerne Sitze beidseits des zentralen Kreises plaziert hätte, von denen aus man die Schönheit und die Aromen der Duftkräuter genießen könnte. Aber auch so gibt es für jedermann eine ganze Reihe erfreulicher Anregungen für einen formalen, jedoch stilistisch eher zurückhaltenden formalen Kräutergarten.

Die Verwendung von goldlaubigem Buchs ist sehr geschickt gewählt, er bietet einen schönen Kontrast zu den übrigen Grün- und Grauwerten. Die Buchsspiralen sind ebenfalls sehr ungewöhnlich. Man erwirbt sie am besten fertiggeschnitten im Fachhandel.

Die Proportionen in diesem Kräutergarten stimmen genau – der Weg ist breit genug für eine Schubkarre, die Beete sind hinreichend schmal, um bei den notwendigen Pflegearbeiten überall leicht hinzureichen. Dieser Garten sorgt nicht für sich selbst. Viele Kräuter sind nur kurzlebig und müssen laufend durch neue ersetzt werden, viele Duftkräu-

*Gegenüber: Blick zu den
Eingangssäulen aus Eibe.
Die Basisstruktur aus Eiben-
hecken, Mittelweg und vier
Buchskugeln, die die zentrale
Kreisform betonen, ist streng
symmetrisch. Innerhalb
dieser Symmetrie sorgen
Kräuter für Auflockerung.*

*Die Buchsspirale, ein Triumph
der Schnittkunst, wächst in
enger Nachbarschaft zu den
feinschnittigen Blättern
und gelbgrünen Dolden von
Garten-Fenchel.*

*Detail der zentralen Kreis-
form. Die Minze im runden
Terrakottatopf wiederholt
die kugelige Form des gold-
laubigen Buchs und die
kreisförmige Gestaltung der
Gartenmitte. Eine Anzahl
verschiedener Kräuter füllt
das angrenzende Pflanzbeet.*

59

ter sind schnittverträgliche Halbsträucher, und viele Mehrjährige lassen sich durch Teilung vermehren – eine Arbeit, die am besten im Frühjahr zu erledigen ist. Andere Kräuter sind sehr wüchsig und versamen sich überall. Mit einiger Übung kann man sie rechtzeitig erkennen und – falls nötig – von Hand oder mit der Jäteharke entfernen.

Innerhalb der gesamten Heckenumrandung fällt ein angenehmer Wechsel von Symmetrie und Asymmetrie auf, von formaler und ungezwungener Gestaltung. Eibe, Buchs und Pflasterwerk bilden die symmetrischen Beiwerke, die Sträucher, Stauden, zwei- und einjährigen Kräuter die eher asymmetrisch verwendeten Elemente. Viele Kräuter sind von Natur aus eher unordentlich oder chaotisch und sehen in formalen Arrangements am besten aus. Zwischen Unordnung und Chaos liegen jedoch Welten. Hier durften beispielsweise die Lavendelsträucher die harte Grenzlinie zwischen Weg und Beetrand stellenweise durchbrechen. Unter den Pflanzen fällt ein Topf mit Minze auf. Wenn Sie diese Spezies ins Beet pflanzen, sollten Sie sie im Topf lassen, denn andernfalls breiten sich die Wurzeln rasch in alle Richtungen aus.

Viele Kräuter entwickeln nur kleine oder unauffällige Blüten. In einem gut geplanten Garten wie diesem vermisse ich jedoch keine kräftigen Farben. Die verschiedenen Grün-, Grau-, Gelb- und Purpurtöne des Blattwerks (letztere vom rotlaubigen Salbei) ergeben eine sehr lebendige Kombination. Die kleinen, leuchtend gelben Blütenköpfe des Heiligenkrauts (*Santolina*), die hell-lila Blütenstände von Schnittlauch und die Blütenähren von Lavendel oder Ehrenpreis heben sich von dem Hintergrund wie sparsame Farbtupfer ab.

Außerhalb der Hauptsaison wird dieser Garten ein wenig leer, dank seiner immergrünen Arten jedoch nicht hoffnungslos deprimierend aussehen. Er könnte mit winter- oder frühblühenden Zwiebelpflanzen angereichert werden. Eine dunkle geaderte frühe Schwertlilie, hellgelbe Winterlinge oder ein wohlriechendes Maiglöckchen wären nur wenige der zahlreichen Möglichkeiten.

Der Planentwurf für einen solchen Kräutergarten ist weithin der gleiche wie für einen formalen Landhausgärten (S. 64–69). Die Plazierung ist jedoch anders, da die meisten Kräuter neben Witterungsschutz sehr viel Sonne und gut wasserzügigen Boden benötigen. Unabhängig von seiner Größe wird ein solcher Kräutergarten immer ein wenig Gartenhistorie atmen. Während des Mittelalters war die Kräuterkultur die einzige Gartenform mit Schmuckcharakter, auch wenn die Pflanzen für medizinische Zwecke gezogen wurden. In unserer Zeit haben die Kräuter erneut große Wertschätzung erfahren, in kulinarischer Hinsicht ebenso wie aus Interesse an alternativer Naturmedizin. Der Kräutergarten ist daher kein Anhängsel der Gemüsebeete mehr, sondern selbständige Gartenkunst.

Pflanzplan

1 *Taxus baccata*
2 *Buxus sempervirens*
3 *Melissa officinalis*
4 *Origanum onites*
5 *Peucedanum graveolens*
6 *Artemisia abrotanum*
7 *Petroselinum crispum*
8 *Thymus vulgaris*
9 *Allium schoenoprasum*
10 *Foeniculum vulgare*
11 *Sanguisorba minor*
12 *Anthriscus cerefolium*
13 *Thymus x citriodorus*
14 *Origanum majorana*
15 *Coriandrum sativum*
16 *Hyssopus officinalis*
17 *Ocimum basilicum*
18 *Laurus nobilis*
19 *Allium sativum*
20 *Santolina chamaecyparissus*
21 *Rumex acetosa*
22 *Salvia officinalis*
23 *Mentha spicata*
24 *Satureja montana*
25 *Artemisia dracunculus*
26 *Galium odoratum*
27 *Borago officinalis*
28 *Angelica archangelica*
29 *Allium giganteum*
30 *Pimpinella anisum*
31 *Rosmarinus officinalis*
32 *Lavandula spica*
33 *Salvia officinalis* »Purpurascens«

Am Eingang zum Kräutergarten öffnet sich ein kleiner Freiraum mit Plattenwerk, Terrakottatöpfen und einer steinernen Vogeltränke. Beachten Sie die über den Beetrand hängenden Kräuter, die die Strenge von geschnittener Eibe und Formbuchs brechen und auch die harten Kanten des Bodens mildern.

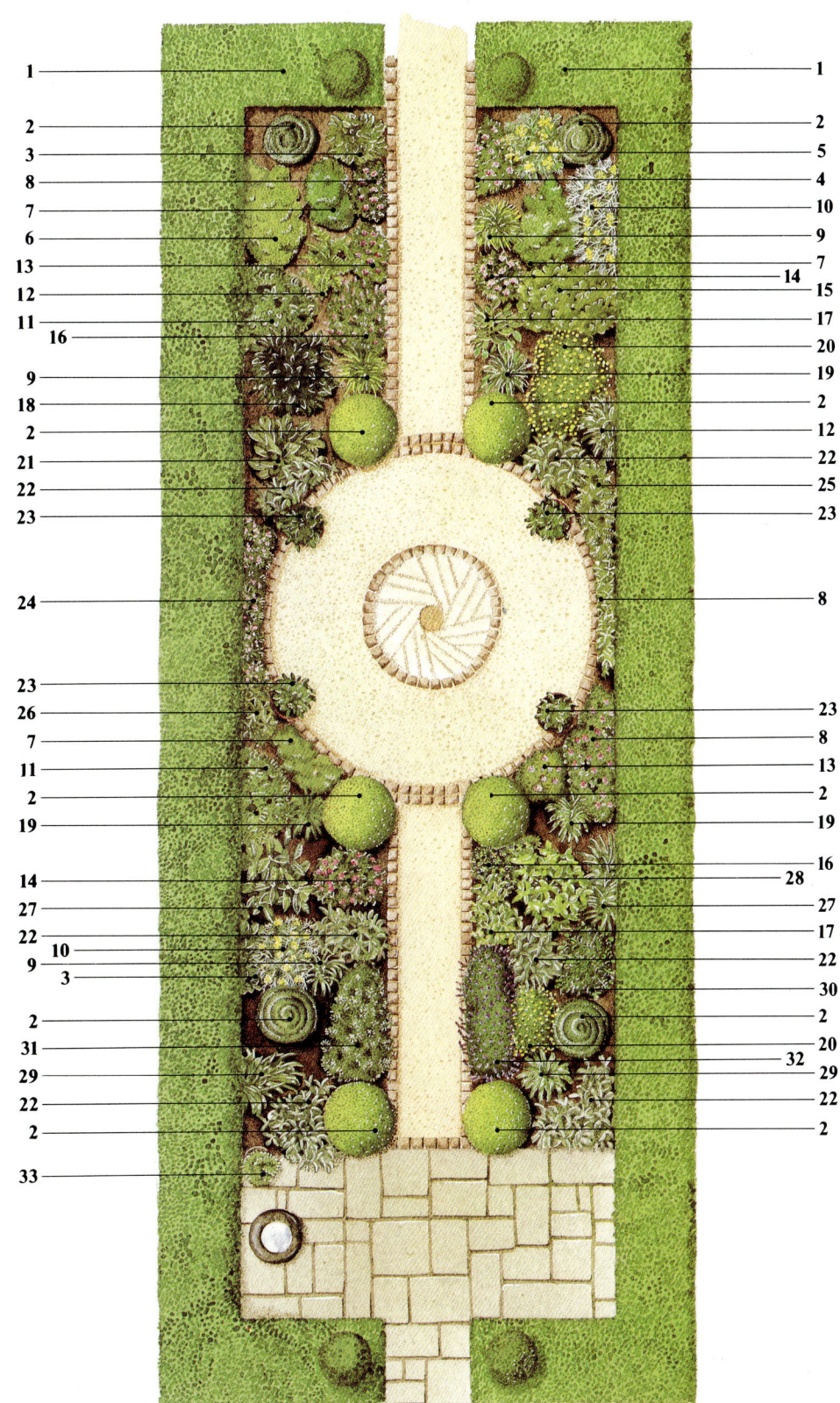

Der informelle Garten

Das hier vorgestellte Beispiel ist eine der besten Lösungen, die ich für ein hinter hohen Wänden verstecktes Fleckchen Erde im Hinterhof eines mehrstöckigen Wohnhauses je gesehen habe. Der Eigner hat sich hier mit einfachen Mitteln ein privates Paradies geschaffen, indem er wildes Plattenwerk mit ein paar Lücken für Bodenpflanzen, Stufen und ein erhöhtes Blumenbeet miteinander verband. Eine bogige Pergola überspannt den Garten, die angrenzenden Wände sind mit Gittern verkleidet.

Das Ergebnis ist das Gegenteil eines üblichen Stadthaushintergartens mit seinen geraden Linien, falschen Perspektiven und Skulpturen, die für dieses eher bescheidene Haus völlig unangebracht erschienen. Statt dessen verlaufen die Linien weicher, während die üppige Bepflanzung mit Fingerhut, Frauenmantel, Akelei, Vergißmeinnicht, Pfeifenstrauch, Schwertlilien, weißen Tulpen und Farnen eher an einen englischen Landhausgarten erinnert. Eine große gelbe Kletterrose bildet einen überhängenden Bogen und verbindet die beiden Seiten der Anlage. Die Wandgitter verschwinden hinter Efeu und Geißblatt.

Jeder Garten wie dieser mit vermehrungsfreudigen, sich selbst aussäenden Blumen ändert sein Aussehen von Jahr zu Jahr. Vergißmeinnicht (*Myosotis sylvatica*) oder Roter Fingerhut (*Digitalis purpurea*) sind Beispiele für Pflanzen, die sich selbst erhalten, sobald man sie in den Garten eingeführt hat. Die Breitwurfaussaat von Vergißmeinnicht führt beinahe unvorhersagbar zu interessanten Blühakzenten selbst an gänzlich unerwarteter Stelle. Aus diesem Grund ist es im Pflanzplan nicht enthalten. Akelei (*Aquilegia* spp.) und Frauenmantel (*Alchemilla mollis*) sind ähnlich vermehrungsfreudig.

Alles muß hier sorgfältig umhegt und arrangiert werden. Die Topfpflanzen kommen vor Beginn der Kälteperiode nach drinnen, das Pflasterwerk darf nicht von Unkraut überwuchert, und die Selbstaussäer kontrolliert werden. So gesehen ist die bezaubernde Ungezwungenheit dennoch genau geplant. Was sonst vielleicht ein dunkler Hinterhof wäre, wurde hier zu einem grünen Refugium.

Der Garten im Frühsommer mit Frauenmantel, Vergißmeinnicht, Lilien, Fingerhut, Rosen und Tulpen in Blüte.

Pflanzplan

1 *Pittosporum tenuifolium* »Warnham Gold«
2 *Ceanothus* »Gloire de Versailles«
3 *Hedera helix*-Varietät
4 *Clematis viticella* »Alba Luxurians«
5 *Magnolia x loebneri* »Merrill«
6 *Lonicera periclymenum*
7 *Buddleja x weyerana* »Golden Glory«
8 *Camellia x williamsii* »Cornish Snow«
9 *Matthiola incana*
10 *Jasminum nudiflorum*
11 *Iris*-Hybride
12 *Jasminum officinale*
13 *Rhododendron* »Coral«
14 *Alchemilla mollis*
15 *Digitalis purpurea*
16 *Buddleja fallowiana* »Alba«
17 *Rosa* »New Dawn«
18 *Dryopteris filix-mas*
19 *Miscanthus sinensis* »Variegatus«
20 *Euphorbia palustris*
21 *Hebe*-Hybride
22 *Clematis macropetala*
23 *Epimedium*-Hybride
24 *Petunia x hybrida*
25 *Tulipa*-Hybride
26 *Rosa* »Golden Shower«
27 *Philadelphus* »Bouquet Blanc«
28 *Acer japonicum* »Aureum«
29 *Hedera helix* »Goldheart«
30 *Nandina domestica*
31 *Helleborus foetidus*
32 *Lamium maculatum*
33 *Rhododendron trichostomum*
34 *Solanum jasminoides* »Album«
35 *Forsythia x intermedia*
36 *Rosa* »Lawrence Johnson«
37 *Clematis orientalis* »Bill Mackenzie«

38 *Camellia japonica* »Magnoliaeflorae«
39 *Anemone japonica* »Alba«
40 *Aquilegia x hybrida*
41 *Iris foetidissima*
42 *Magnolia x loebneri* »Leonard Messel«
43 *Clematis* »Huldine«
44 *Euonymus fortunei radicans*
45 *Elaeganus pungens*

46 *Convallaria majalis*
47 *Houttuynia cordata*
48 *Rosa* »Vespa«
49 *Rhododendron fragrantissima*
50 *Hosta*-Hybride
51 *Hydrangea macrophylla* »Blue Nile«
52 *Lonicera x purpusii*
53 *Hedera colchica* »Dentata«
54 *Hydrangea arborescens* »Grandiflora«

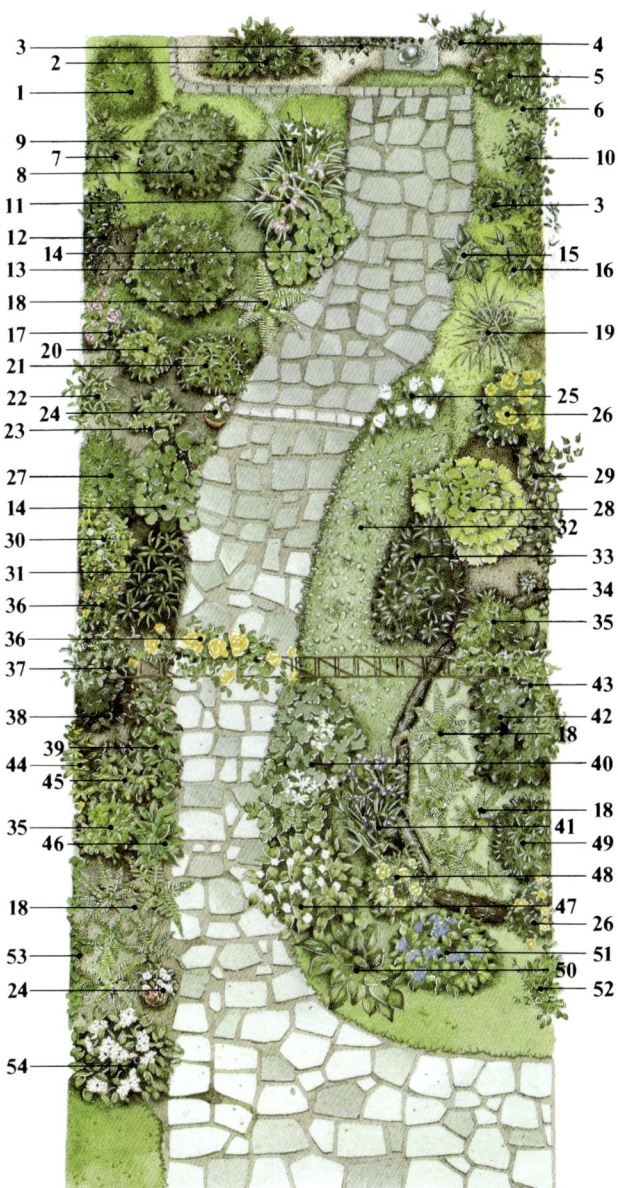

Der Landhaus-
garten

Es ist nicht schwer, sich vorzustellen, wie in diesem Garten gründerzeitlich elegant gekleidete Damen unter Sonnenschirmen mit jungen Herren in gestreiften Jacken und Strohhüten lustwandeln. Obwohl die Fläche insgesamt klein und der Zuschnitt äußerst einfach ist, läßt diese Anlage allen Glanz eines englischen Landhausgartens aus der Zeit vor 1914 aufleben. Die kastenförmig geschnittenen Eiben- und Buchshecken sind lebende Architektur, eine geradezu klassische Umrahmung für die Beetrosen. Diese Hecken bilden zudem einen einfachen, dunklen Hintergrund, vor dem die silbrig belaubten Pflanzen und Stauden ihre Sommerpracht entfalten können. Im Winter bleiben nur Eibe und Buchs, die durch ihre Präsenz die Vergänglichkeit der krautigen Mehrjährigen und den traurigen Anblick der schmucklosen Rosen ausgleichen. Ebenso wie für das Auge ist dieser Garten auch als Dufterlebnis entworfen – Rosen- und Nelkenaromen verbinden sich mit der etwas strengen Note von Zypressenkraut und dem schweren Duft von Lavendel.

Die Wirkung dieses Gartenentwurfs ergibt sich aus seiner Geometrie und deren Erhaltung. Würde man den strengen Heckenschnitt unterlassen, aus Nachlässigkeit, Zeitmangel oder »Mitleid« mit den Pflanzen, wäre alles verloren. Ohne

In diesem Garten betonen der Ziegelbelag der Wege und der korrekte Kastenschnitt der Hecken die strenge, ebene Geometrie des Designs. Die lockere Bepflanzung innerhalb dieses Rahmens bildet dazu einen angenehmen Kontrast. Die Bäume im Hintergrund führen andere Maßstäbe von Format und Wuchshöhe in den Garten ein.

Unten: Detailansicht der Bepflanzung. Im Hintergrund, hinter der Eibenhecke, ist ein Gerüst zu sehen, an dem ein Lindenspalier erzogen wird.

Gelb, Grün und Weiß sind die dominierenden Farben dieses Gartens im Hochsommer. Hochwüchsige gelbe Kletterrosen werden im Bodenbereich mit Sonnenröschen, Funkien, Strauchrosen und Frauenmantel kombiniert.

Rückschnitt werden Rosen rasch zu zügellosen Mitgliedern der Gartengemeinschaft, Eibe und Buchs verlieren ihre Form. Die grau- und silberlaubigen Pflanzen sind verhältnismäßig kurzlebig und müssen nicht unbedingt im Pflanzplan berücksichtigt werden. Man sollte sie alle fünf oder sechs Jahre ersetzen, was jedoch ein geringer Preis für ihre elegante Präsenz ist. Die Mehrjährigen benötigen vor allem gegen Saisonende ein wenig Pflege, aber da es nicht allzu viele, und die Beete zudem recht klein sind, so daß man die Pflanzen leicht erreichen kann, erfordert dies keinen großen Aufwand.

Der Gartengrundriß ist quadratisch, seine Grenze bildet eine junge Eibenhecke. Schmale Wege mit Ziegelbelag im traditionellen Flechtkorbverband wiederholen das Viereckthema innerhalb der Heckenrahmung. Ein kreuzförmiges Netzwerk innerer Wege ist im Winkel von 45° zum äußeren Ziegelweg orientiert und teilt die Gartenfläche in eine Serie rechteckiger und dreieckiger Pflanzbeete um ein zentrales quadratisches Beet in der Mitte auf. Zu diesem formalen Gartenplan wären zahllose Abwandlungen denkbar. Sie brauchen lediglich ein Blatt Millimeterpapier mit den genauen Abmessungen Ihres Gartens, einen spitzen Bleistift und ein wenig Phantasie.

Anstelle der Ziegelsteine könnte man auch Natursteinplatten verwenden. Wenn Sie Kunststeinplatten vorziehen, vermeiden Sie auf jeden Fall die kräftig rot, grün oder ocker eingefärbten, und bleiben Sie beim schlichten Grau. Natursteinplatten sind sehr hübsch, aber teuer und bei Nässe rutschig. Kies wäre eine weitere Möglichkeit, benötigt jedoch eine Unterlage aus schwarzer Folie, um unerwünschten Krautaufwuchs zu unterdrücken, sowie eine gerade Randbegrenzung, um die Kiesel am vorgesehenen Platz zu halten. Viktorianische Ziegel mit Schmuckkordeldekor sind sehr hübsch, aber kaum zu finden. Natürlich könnte man auch einen Rasenweg wählen, der aber nur dann gut aussieht, wenn er sorgfältig gemäht und randgetrimmt ist.

Wichtig ist in diesem Garten auch die Farbgebung. Vorwiegend Grün, Grüngrau, Gelb und Weiß sind zugelassen. Weiß mit Rosa oder Blau könnte ebenso außergewöhnlich aussehen wie Reinweiß, aber die Ausgewogenheit muß stimmen. Den Eindruck bestimmt, was im Zentrum der Anlage geschieht, denn die Geometrie leitet das Auge gerade in diesen Bereich. Hier hat Arabella Lennox-Boyd, die Gartendesignerin, das Mittelbeet mit der reinweißen Rosensorte »Moonlight« bepflanzt. Wenn sie an dieser Stelle gelbe Rosen verwendet hätte, wäre der Effekt weniger spektakulär gewesen. Andere geeignete Zentralstücke wären eine Sonnenuhr, eine Statue oder eine italienische Brunnenskulptur. Alles zu Gewaltige würde allerdings die geheimnisvolle Wirkung dieses kleinen Gartens zerstören.

Gelbe Rosen mit einer Umrandung aus gemischten gelben Sonnenröschen füllen die vier rechteckigen Beete und

Ein kleines Dreieckbeet mit Frauenmantel (Alchemilla mollis) und einer Umrahmung aus Zypressenkraut (Santolina chamaecyparissus). Letzteres läßt sich durch Stecklinge einfach vermehren, während sich Frauenmantel leicht versamt.

bilden somit wiederkehrende Farbflächen. Sie werden in den vier Ecken jedes Rechtecks von kleinen Pflanzgruppen mit kontrastierenden Farben wie purpurfarbenem Salbei, blaublättriger Raute, gelbstreifiger Funkie und blaublühendem Agapanthus gerahmt.

Die dreieckigen Außenbeete sind sehr einfach gehalten. Die vier gestutzten Dreiecke in den Ecken enthalten grünes Zypressenkraut, das etwas höherragt als der umlaufende Heckensaum aus Buchs und sich einfach nur als Farbfläche präsentiert. In den dazwischenliegenden Dreiecken wurde graues Zypressenkraut und reichblütiger gelber Frauenmantel verwendet.

Zwischen dem zentralen formal gestalteten Teil und der umlaufenden Eibenhecke befinden sich schmale Beete, die mit gelben Kletterrosen berankten Pergolen versehen sind. Ein Dreieck mit Ziegelbelag vermittelt vom Mittelquadrat zu einem Sitzplatz vor einer Pergola. Von dieser zentralen Position aus läßt sich die Schönheit dieser geometrischen Anlage besonders gut bewundern. Die graugestrichene Holzbank paßt sich dem Garten sehr gut an.

In dieser kleinen Gartenanlage sind keine Bäume vorgesehen, aber im Hintergrund geben größere Gehölze Rückhalt. Wenn Ihr Garten keine hochwüchsigen Hintergrundbäume aufweist, sollten Sie über je ein Zierapfelbäumchen in jeder Ecke nachdenken.

Dieser Garten ist nicht nur zum Hineingehen, sondern auch zum Draufschauen gedacht - seine Geometrie zeigt sich in ihrer ganzen Klarheit vor allem in der Aufsicht aus einem hochgelegenen Fenster oder von einer Terrasse des Hauses aus. Alternativ könnte man das umgebende Bodenniveau als Aussichtsplattform wählen und den gesamten Formgarten etwas vertieft anlegen. Dazu muß der Untergrund wasserzügig sein, damit die Gartengeometrie nicht bei jedem Regen unter Wasser versinkt. Rosen und graulaubige Pflanzen vertragen keinen Wasserstau.

Dieser Garten entfaltet seine ganze Schönheit im Frühsommer, so daß sich die Frage stellt, wie er das restliche Jahr über aussieht. Als Gärten noch wesentlich großräumiger angelegt wurden als heute, wiesen sie häufig mehrere getrennte Gartenräume auf. Jeder Teilraum wurde nach einer anderen Themenvorgabe etwa als reinweiße oder silbergraue Anlage bepflanzt. Wenn eine solche formale Beetgestaltung Ihr einziger Gartenraum ist, muß er während des ganzen Jahres attraktiv oder zumindest nicht häßlich aussehen. Die Immergrünen im Beet oder in der Hecke sind dabei hilfreich. Einen schönen Farbakzent würden größere Gruppen von Schneeglöckchen unter den Rosen setzen. Ihre Blätter vergehen rechtzeitig vor Frühsommerbeginn, so daß sich im frischen Grün kein störendes Totlaub findet. Als weitere Farbblöcke bieten sich Gruppen gelber und weißer Tulpen an, deren Zwiebeln im Herbst gepflanzt und nach der Blüte wieder ausgegraben werden.

Pflanzplan

1 Buxus sempervirens
2 Santolina neapolitana
3 Santolina chamaecyparissus
4 Genista aetnensis
5 Ceanothus arboreus »Trewithen Blue«
6 Delphinium elatum »Tiddles«
7 Syringa vulgaris »Mme. Lemoine«
8 Rosa »Little White Pet«
9 Alopecurus pratensis »Aureus«
10 Rosa »Yvonne Rabier«
11 Rosa »Canary Bird«
12 Paeonia mlokosewitschii
13 Alchemilla mollis
14 Hosta sieboldiana »Elegans«
15 Taxus baccata »Aurea«
16 Artemisia abrotanum
17 Lavandula spica »Hidcote«
18 Rosa »Alister Stella Grey«
19 Helleborus lividus corsicus
20 Lavandula spica »Alba«
21 Hosta fortunei »Albopicta«
22 Anthemis cupaniana
23 Helianthemum nummularium in gemischten Varietäten wie beispielsweise »Ben Dearg«, »Coppernob«, »Snowball«, »The Bridge« oder »Wisley Primrose«
24 Agapanthus »Headbourne Hybrids«
25 Rosa »Norwich Union« (= »Peter Beales«)
26 Ruta graveolens »Jackman's Blue«
27 Hosta fortunei »Aureomarginata«
28 Ballota pseudodictamnus
29 Perovskia atriplicifolia »Blue Spire«
30 Robinia pseudoacacia »Frisia«
31 Convolvulus cneorum
32 Cotinus cogyggria »Notcutts Variety«
33 Prunus »Tai Haku«
34 Lupinus arboreus »Golden Spire«
35 Iris »Jane Phillips«
36 Syringa vulgaris »Lamartine«
37 Paeonia lactiflora »White Wings«
38 Phlomis samia
39 Centranthus ruber »Albus«
40 Salvia officinalis »Tricolor«
41 Dianthus »Mrs Sinkins«
42 Rosa »Moonlight«
43 Salvia officinalis »Purpurascens«
44 Hosta »Thomas Hogg«
45 Carpinus betulus »Fastigiata«
46 Yucca filamentosa »Variegata«
47 Rosa rugosa »Alba«
48 Dorycnium suffruticosum
49 Taxus baccata

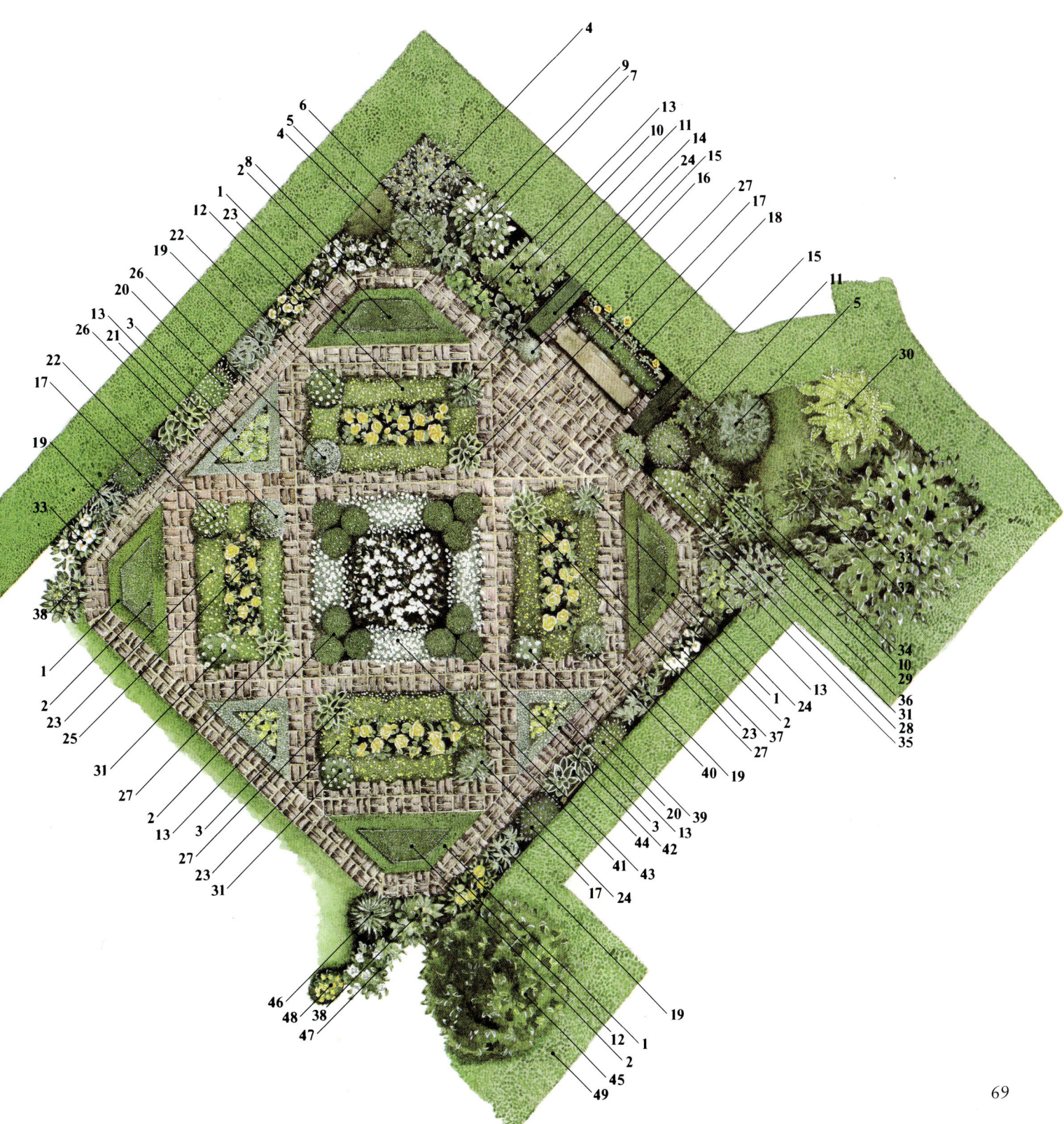

69

Der Architektur-garten

Dieser Garten weist klare, modernistische und funktionsbezogene Züge auf. Jegliche Nostalgie oder klassische Romantik – zwei Hauptmerkmale der meisten Gartengestaltungen – fehlen vollends. Wir befinden uns in einem Umfeld, das im Hinblick auf geringen Pflegeaufwand und Wohnen im Freien einem sonnigen Klima entwickelt wurde. Ein Gartengestalter, der eher auf eine romantische Wirkung abzielt, verbirgt Grenzlinien. Hier werden sie statt dessen durch Gartenmauern und das Wohnhaus selbst besonders hervorgehoben. Das Ergebnis ist ein Freiluftraum, wie er für den Mittelmeerraum und den Westen der USA typisch ist. Wenn es zu heiß werden sollte, läßt sich der Eßtisch leicht von der offenen Terrasse zur angrenzenden Loggia verlagern. Ist es dagegen angenehm warm, rückt man ihn einfach weiter in den Gartenbereich.

Der Arbeitsaufwand für diesen Garten ist sehr gering. Fast alles ist Bauwerk, und die Bepflanzung ist denkbar einfach. Nur die Zeit, nicht das Tun, werden ihn weiter anreichern und reifen lassen. Die Beete sind angehoben, so daß man sich nicht bücken muß, um eine Blume zu schneiden oder einen Strauch zu stutzen. Trotz aller Praktikabilität weist dieser Garten einen klaren Stil auf, der von der Architektur des Wohnhauses bestimmt ist, als dessen integraler Bestandteil er erscheint. Tatsächlich ist er auch kein Garten zum Nachgestalten, sondern eher ein Modell, das Architekten und Hausbesitzer anregen könnte. Alles darin ist sehr sorgsam proportioniert: die sorgfältige Plazierung des Gartenteichs und der Beete, die Abmessungen des Teichs und seiner Umrandung oder der Gartenpfad, der die Anlage erschließt. Die Stufenflucht und die durchbrochene Mauer sind ebenfalls geplant, so daß die bewußt gesetzten Öffnungen Ausblicke ins Umland ermöglichen. Eine solche Mauer verleiht nicht nur Schutz und Privatsphäre, sondern dramatisiert geradezu den Kontrast zwischen dem eingefaßten Gartenraum und der offenen Weite der Landschaft.

Die Bepflanzung ist einfach und unkompliziert; sie verwendet heimische und eingeführte Pflanzen. Nur wenige Bäume fallen auf, aber jeder hebt sich in Gestalt, Belaubung und Färbung deutlich von den anderen ab: der schnellwüchsige Eukalyptus (*Eucalyptus gunnii*) mit seinen markanten blaugrauen Blättern, die nadelblättrige italienische Pinie (*Pinus pinea*), die üppige Mimose (*Acacia dealbata*), deren feine Fiederblätter unterseits weißlich behaart sind,

Links: Essen im Freien neben dem Teich im Garten eines Ferienhauses. Geringer Pflegeaufwand war eine der Hauptvorgaben bei diesem Gartendesign.

Oben: Bildhaftes Arrangement von Tonröhren, Steinen, Kieseln und Wasser. Zwergmispel und Fächer-Ahorn vervollständigen diese Objektsammlung.

sowie die eigenartige Korkenzieherweide (*Salix matsudana* »Tortuosa«), die besonders im Winter den Blick auf sich zieht. Die ausgewählten Sträucher und Stauden – darunter Lavendel, Schwertlilie, Akanthus, Zwergmispel und Johanniskraut – sind vergleichsweise anspruchslos und benötigen außer einem geringen Rückschnitt keine Pflege. In dieser Hinsicht sind sie geradezu ideale Pflanzen für einen Ferienhausgarten.

Bedauerlicherweise ist die Farbwahl in diesem Garten mit kräftigem Gelb und Rot dicht nebeneinander nicht immer allzu glücklich. Dieser Garten würde erheblich besser aussehen, wenn die kräftig rosaroten Floribundarosen ein sanftes Cremegelb hätten und die roten Pelargonien nicht von kräftigem Gelb umpflanzt wären.

Obwohl man in Architekturgärten oft die Neigung erlebt, zu viel Pflasterwerk zu verwenden, um die Natur zu zügeln, reduzieren die festen Wege und eingefaßten Beete das Problem des Jätens auf ein Minimum. Dies gilt auch für den Wurzelraum.

Blick entlang des angehobenen Teichbeckens zum Haus. Die Bepflanzung beginnt den strengen architektonischen Rahmen aufzulockern. Sorgfältig ausgewählt und angeordnet werden die Stein-ensembles zu einem zeitgenössischen Stilleben.

Pflanzplan

1 Rosmarinus officinalis
2 Rosa-Hybride
3 Eucalyptus gunnii
4 Lavandula spica
5 Hedera helix
6 Clematis montana
7 Fuchsia-Hybride
8 Crinum moorei
9 Linaria alpina
10 Cotoneaster wardii
11 Limnanthes douglasii
12 Pinus pinea
13 Cotoneaster dammeri
14 Rhododendron rubiginosum

15 Acer palmatum »Atropurpureum«
16 Cotoneaster »Cornubea«
17 Acanthus mollis
18 Euphorbia polychroma
19 Fatsia japonica
20 Acacia dealbata
21 Kolkwitzia amabilis
22 Artemisia sp.
23 Nicotiana affinis (N. alata)
24 Iris-Hybride
25 Hypericum polyphyllum (H. olympicum)

26 Salix matsudana »Tortuosa«
27 Myrtus communis
28 Cytisus canariensis
29 Hippophaë rhamnoides
30 Erica arborea
31 Hypericum calycinum
32 Nandina domestica

Der Blumengarten

Die bloße Erwähnung eines Blumengartens läßt sofort an ein malerisches Ensemble denken - eine Mischung romantischer, traditioneller, süß duftender Blumen, etwa Primeln, Veilchen, Fingerhut und Lavendel im bunten Wechsel mit Gewürzkräutern wie Rosmarin oder Weinraute. Gelungene Beispiele von Blumengärten wie diesem enthalten tatsächlich alles, um die Sehnsucht nach der guten alten Zeit aufkommen zu lassen, die es so vermutlich nie gegeben hat.

Diejenigen, die ein solches Abenteuer unternehmen wollen, möchte ich warnen. Ein Blumengarten ist etwas für den Enthusiasten, da er rund ums Jahr ständig Pflege benötigt. Außerdem ist er nach meiner Meinung kein Gartentyp, den man so ohne weiteres in städtische Umgebung verpflanzen kann. Er benötigt als Hintergrund ein authentisches ländliches Gebäude und keine elaborierte Architektur. Nur wenige anscheinend kunstlose Gartendesigns können so rasch in puren Kitsch absinken wie dieses.

Gerade weil es hier keine feste formale Struktur gibt, ist dieser Gartentyp besonders schwierig und eine Herausforderung für jeden Gärtner. Fast immer weist er einen geraden Pfad mit Steindeckwerk, Kies oder anderen Naturstoffen (kein Kunststeinpflaster) auf, der beidseits von asymmetrisch angeordneten, nach Wuchshöhe gestaffelten Pflanzgruppen gesäumt wird. Grenze und Einfassung eines solchen Gartens sollte aus einer Natursteinmauer oder einer Hecke aus Eibe, Stechpalme, Weißdorn oder Rot-Buche bestehen. Auch eine Mischung aus diesen schnittfesten Gehölzen bietet sich an. Lauben, Pergolen oder Holzgitter sind die einzigen pflanzenstützenden Strukturen. Einen Blumengarten kann man sehr gut dadurch kennzeichnen, was er alles nicht aufweisen sollte. Dazu gehören alle Typen von Zwergkoniferen, Azaleen, Rhododendron und kräftiggefärbte moderne Strauchrosen. Ferner sind ein manikürter Zierrasen oder ein Gartenteich fehl am Platz, möglich wäre allenfalls eine kleine grasbestandene Teilfläche mit Mittelstamm-Obstgehölzen. Vorteilhaft ist die eher wiesenartige Fläche eines Blumengartens für Wildnarzissen und andere Frühblüher, da ihr Blattwerk vor dem ersten Mähen im Sommer in Ruhe vergehen kann.

Das Hauptcharakteristikum dieses Gartentyps ist die scheinbar ungeplante und ungezwungene Bepflanzung. Ein-, Zwei- und Mehrjährige oder Gewürzkräuter werden in lockeren Gruppen um Sträucher plaziert. Selbstaussäer

Links: Das Geheimnis dieses Blumengartens liegt in der ungezwungenen Mischung der Bepflanzung, der Asymmetrie der Anlage und der Harmonie der Farben. Das Haus ist von einem Meer von Blumen umgeben, die nach Blütenfarbe und Wuchshöhe angeordnet sind.

Oben: Eine ungezwungene, aber sehr gefällige Anordnung – weißer Rittersporn, Lilien, Wolliger Ziest und Wiesen-Kerbel.

füllen die Lücken. Im Frühsommer wetteifern hier Glokkenblumen, Bartnelken und Lavendel mit Schafgarbe. Rittersporn, Lupinen und Königskerzen bringen Höhe ein, wobei die stark behaarten Blätter der Königskerzen der farbbetonten Umgebung ein kühlendes Silbergrau gegenüberstellen. In dem hier abgebildeten Garten wachsen keine größeren Sträucher, obwohl Flieder, Schneeball und Pfeifenstrauch sehr gut zu Bauerngärten passen und schon früh im Sommer angenehm duftende Blüten entwickeln.

Ein Blumengarten ohne Rosen wäre undenkbar. Alte Gartenrosen, die im späten 19. Jahrhundert vor der Züchtung der Teerosen-Hybriden sehr beliebt waren, erleben heute eine neue Wertschätzung. Viele Gartenfreunde greifen anstelle von gefüllten Teerosen wieder auf traditionelle Sorten zurück: Wein-, Essig-, Damaszener- oder China-Rosen sind ebenso wie dauerblühende Hybriden oder Moosrosen in Spezialgärtnereien oder auch in größeren Gartencentern zu bekommen. Mischpflanzungen von Jasmin, Clematis und Geißblatt zusammen mit Kletterrosen bringen eine unglaubliche Üppigkeit zuwege.

Die Auswahl an geeigneten Ein-, Zwei- oder Mehrjährigen ist gewaltig. Empfehlenswerte Arten sind Akelei, Königskerze, Gipskraut, Päonie, Lupine, Rittersporn, Phlox, Salomonssiegel, Taglilie, Frauenmantel, Schafgarbe, Himmelsleiter und Ochsenzunge. Aber auch Sonnenblumen, Lerchensporn, Fingerhut, Storchschnabel, Ziertabak, Löwenmäulchen, Kornblume, Ringelblume, Bartnelken, Vergißmeinnicht, Glockenblumen, Stockrosen, Schleifenblume und Spornblume gehören dazu.

Lavendel paßt sehr gut in einen solchen Garten, ebenso wie Eberraute. Traditionellerweise wachsen in einem Blumengarten auch weitere Duft- und Gewürzpflanzen wie Rosmarin, Weinraute, Boretsch, Katzenminze, Kamille, Zypressenkraut, Dill, Zitronenmelisse, Engelwurz und Salbei. Kriechender Thymian, Steinbrech und Steinnelke können Pflanzlücken im Steinwerk ausfüllen. Für ein paar farbige Akzente im Spätwinter sollte man Schneeglöckchen, Krokus und Netz-Schwertlilie (Iris reticulata) vorsehen, denen verschieden Tulpen-Sorten im Frühling folgen können.

Der Anblick eines Blumengartens macht Freude und erquickt Herz und Seele. Es ist aber auch ein Garten, der seinen Besitzern rund ums Jahr viel Aufmerksamkeit und Arbeit abverlangt.

Der Garten in voller Blüte – alle Blumen sind gruppenweise angeordnet, ohne streng voneinander getrennt zu sein.

Rechts: Nahaufnahme eines kleinen blumenverdichteten Gartenteils mit Akelei, Bartnelke, Lupine, Rittersporn und Acker-Gauchheil.

Der Kiesgarten

Dieser längliche, schmale Garten zeigt, wie überraschend attraktiv Strauchwerk zusammen mit Kiesstreu aussehen kann. Die schlichte Kombination von Immergrünen und Silberlaubigen führt hier zu einer zufällig erscheinenden, asymmetrischen Anordnung geschnittener oder gestutzter Sträucher, zu denen Buchs, Zypressenkraut und Salbei im Wechsel mit zwergwüchsigem Klebsamen, Lavendel, Kreuzkraut und Rosmarin gehören.

Kiesbelag ist sehr leicht zu pflegen; er benötigt nur gelegentliches Harken und Zurechtschieben sowie sorgsames Wegjäten von Krautaufwuchs. Um einen ebenmäßigen Belag zu bekommen, sollte man zunächst den Untergrund verdichten und einebnen, dann eine Lage kleinerer Steine für eine ausreichende Drainage aufschichten und zuletzt den Kiesbelag auftragen.

Ein paar zusätzliche Terrakottatöpfe mit attraktiven Pflanzen wären eine Überlegung wert. Deren sorgfältige Plazierung verleiht auch einer sehr ungezwungenen Bepflanzung Struktur. Im Mittelmeerraum ist die Verwendung solcher Topfpflanzenarrangements fester Bestandteil der Gartengestaltung – häufig werden sie erhöht oder gar auf Säulenschäften aufgestellt, um ihre Wirkung zu steigern. Sie verkörpern ein gärtnerisches Gestaltungsmittel, das in den nordischen Ländern fast verlorenging, aber zu bedenken wäre. Die Töpfe müssen groß genug sein, um eventuell auch die Überwinterung im Freiland zu überstehen, sofern sie nicht – wie in den kälteren Regionen – ohnehin im Haus überwintert werden. Es gibt eigentlich keinen Grund, warum dieser besondere Gartenstil nicht auch bei uns vermehrt zur Anwendung kommen kann – natürlich mit den nötigen Anpassungen an den jeweils zu erwartenden Witterungsverlauf.

Rechts: Ansicht des asymmetrischen Kiesgartens. Links eine Robinie (Robinia pseudoacacia), *die mit Orangenblume* (Choiysa ternata) *unterpflanzt ist. Die restliche Bepflanzung besteht aus einer Mischung halbkugelig geschnittener immergrüner und silberlaubiger Sträucher.*

Pflanzplan

1	Rosa-Hybride	16	Centaurea montana
2	Lonicera japonica	17	Lavandula spica
3	Yucca gloriosa	18	Pittosporum tobira
4	Pittosporum tobira »Variegatum«	19	Berberis x stenophylla
5	Buxus sempervirens	20	Cotoneaster wardii
6	Iberis sempervirens	21	Anaphalis triplinervis
7	Santolina chamaecyparissus	22	Senecio elegans
8	Acantholimon venustum	23	Helichrysum plicatum
9	Juniperus-Varietät	24	Santolina neapolitana
10	Dianthus-Varietät	25	Euonymus microphylla
11	Salvia officinalis	26	Senecio laxifolius
12	Rosmarinus officinalis	27	Alchemilla mollis
13	Myrtus communis	28	Artemisia arborescens
14	Stachys lanata	29	Centaurea dealbata
15	Potentilla mandshurica	30	Carpenteria californica
		31	Robinia pseudoacacia

Der Stufengarten

Die an zentraler Stelle des Gartens positionierte Statue wird vom feinschnittigen silbergrauen Blattwerk des Baum-Beifuß (Artemisia arborescens) *umrahmt.*

Zu ihren Füßen wechselt die Bepflanzung jahreszeitlich. Im Frühjahr blühen hier gelber Goldlack, rosa Tulpen, blaue Hyazinthen oder dunkelblaue Akelei.

Dieses Beispiel zeigt vom Grundriß her einen typischen städtischen Garten, der hier einen Eindruck von Üppigkeit auf kleinstem Raum vermittelt. Er wurde entworfen, um eine steil einfallende Böschung ideal auszunutzen. Seine Grundidee wäre auch für ein Wohnhaus mit Souterrain und Gartenzugang aus dem Kellergeschoß verwendbar. Die Böschungsverhältnisse bedeuten auch, daß man diesen Garten immer von mindestens zwei Ebenen des Hauses einsehen kann.

Die diesem Garten zugrundegelegte Struktur ist sehr einfach: Eine kleine Terrasse unmittelbar vor der Gartentür führt über ein paar Stufen zu einer zweiten kleinen Ebene mit Steinbelag. In einer winzigen städtischen Hinterhaussituation wie dieser sollte auf Rasen verzichtet werden. Der Raum wird hier statt dessen mit einem paar wohlüberlegt gesetzter Blickpunkte gestaltet – eine Bacchantinnenstatue inmitten von Sommerblumen und umrahmt von Baum-Beifuß, ein inselartiger Krautsaum rund um einen kleinen Zierbrunnen sowie ein dekorativer Bogen. Von keinem Standpunkt aus ist dieser Garten in Gänze zu überblicken, und auch seine Grenzen bleiben verborgen. Die Entscheidung, die Rückseite des Hauses weiß zu tünchen, hebt Blattwerk und Blüten angenehm hervor und trägt sehr zum ansprechend frischen Gesamteindruck bei.

Die Pflanzen wurden nach Dauerhaftigkeit und Dekorationswert ausgewählt. Der intensiv duftende, rosa-weißliche Garten-Jasmin *(Jasminum polyanthemum)* gedeiht im Schutz der den Garten umgebenden Mauern. In sehr milden Wintern kann man auch die frostempfindlichen Fuchsien ohne Verlustgefahr draußen lassen. Dies gilt auch für Geranien oder Pelargonien.

Vor dem Hintergrund einer immergrünen Bepflanzung mit Orangenblume, Lebensbaum, Buchs, Efeu, Bergenie und Nieswurz zeigen sich Sommerblumen in beschränkter Farbpalette von Weiß, lichtem Blau, Blaßgelb, verschiedenen Rosatönen und Malve. Jedes Beet hat seinen farblichen Schwerpunkt, der sich jedoch mit den Farbwerten der Nachbarschaft gut verträgt. Im Frühjahr sind mit Vergißmeinnicht und Tulpen ein paar kräftigere Nuancen vertreten. Im Sommer gewinnt das traditionelle Blumenbeet mehr Eigenwert, gleichzeitig blühen die Strauch- und Kletterrosen. Jeder verfügbare Platz ist mit Beetpflanzen ange-

füllt – Begonien, Ziertabak, Petunien, Fleißiges Lieschen. An den Wandgittern hangeln sich Kletterpflanzen hoch. Dies ist ein Garten für besonders engagierte Gärtner. Die Pflege der vielen Topfpflanzen erfordert große Sorgfalt und Mühe. Hinzu kommen das Entleeren des Zierbrunnens im Winter sowie die Entnahme der empfindlicheren Arten wie der Fleißigen Lieschen und Begonien im Herbst. Selbst das entzückende Bouquet gefüllter rosafarbener Tulpen und blauer Hyazinthen zu Füßen der Statue muß im voraufgehenden Herbst rechtzeitig geplant werden. Nichts ist hier dem Zufall überlassen. Das Ergebnis entschädigt jedoch für alle Mühen.

Unmittelbar in der Nähe des Hauses befindet sich ein kleiner Sitzplatz. Ursprünglich mit Betonplatten ausgelegt, um Kanalschächte zu überdecken, wurde die gesamte Fläche mit schönen Natursteinen auf einem Sandbett plattiert, die ebenfalls Zugang zu den Schächten gewähren. Blauregen, Geißblatt, Clematis und Kletterrosen bedecken die Wände und erfreuen durch Duft und Farbe. Bubiköpfchen (Soleirolia) überzieht selbst die kleinsten Bodenflächen mit einem grünen Teppich.

*Vom Balkon im ersten Stock
bietet sich ein sehr schöner
Anblick. Eine üppige Fülle
verschiedener Pflanzen
schirmt den Garten nach
außen ab und bietet völlige
Abgeschiedenheit.*

Pflanzplan

1 Lonicera japonica
2 Ceanothus »Gloire des
  Versailles«
3 Lonicera pileata
4 Osmanthus delavayi
5 Wisteria sinensis
6 Hebe brachysiphon
7 Stachys lanata
8 Iberis sempervirens
9 Cupressus-Varietät
10 Euonymus fortunei-
   Varietät
11 Pittosporum tobira
12 Lavandula spica
13 Pachysandra terminalis
14 Viburnum sp.
15 Jasminum polyanthemum
16 Choisya ternata
17 Nicotiana alata
18 Hosta undulata
19 Artemisia arborescens
20 Sarcociocca humilis
21 Aquilegia vulgaris
22 Crinum moorei
23 Hosta fortunei
24 Polygonum campanula-
   tum
25 Potentilla fruticosa
26 Sommerblumenbeet
27 Lamiastrum galeobdolon
28 Bergenia cordifolia »Purpurea«
29 Philadelphus »Virginal«
30 Vitis coignetiae
31 Hypericum calycinum
32 Hedera helix-Varietät
33 Santolina chamaecyparissus
34 Artemisia ludoviciana
35 Petunia-Hybriden
36 Helleborus foetidus
37 Dryopteris filix-mas
38 Rosa-Hybriden

39 Senecio laxifolius
40 Ruta graveolens
41 Rosmarinus officinalis
42 Lunaria annua
43 Cotoneaster salicifolius
44 Pulmonaria picta
45 Jasminum nudiflorum
46 Clematis-Hybride
47 Liriope muscari
48 Ceratostigma willmot-
   tianum
49 Iris foetidissima
50 Buxus sempervirens
51 Bergenia cordifolia
52 Acanthus mollis
53 Fuchsia-Hybriden
54 Tellima grandiflora
55 Bergenia crassifolia
56 Imapatiens walleriana

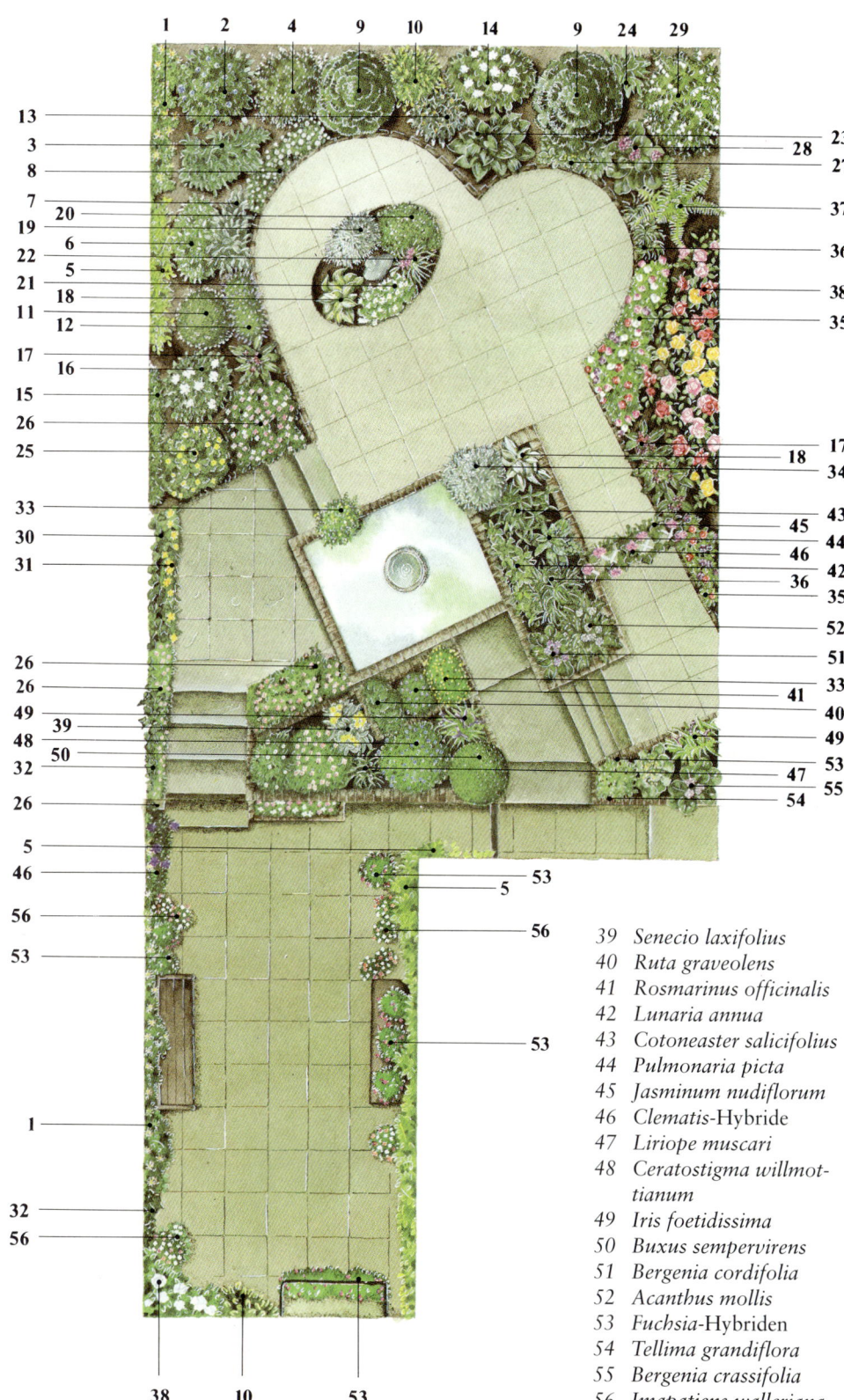

83

Der romantische Garten

Die spektakuläre Gesamtwirkung dieses romantischen Gartens wurde durch eine verschwenderische Auswahl hängender und kletternder Rosen erreicht. Duftende Rosen verstecken einen Gartensitz, umranken eine Holzbrücke, die so zu einem verzauberten Übergang wird, ranken eine Böschung zum angrenzenden Kanal herab, auf dessen Wasseroberfläche sie sich spiegeln und rahmen das Wohnhaus ein, von dem nur noch die Fenster zu sehen sind.

Dieser Garten wurde erst vor 15 Jahren angelegt, wirkt jedoch wie ein Überbleibsel aus einer weitentrückten Zeit. Vom Grundriß her ist er sehr einfach zugeschnitten: Er besteht aus einem schmalen Rechteck zwischen der Hauswand und dem Kanalufer, das von einem Pfad durchquert wird, der an einem Rosenpavillon endet. Die Nähe des Wassers mit seinen eigenen romantischen Inhalten und sanften Spiegelungen prägt die Atmosphäre. Architektur und Gartengestaltung verbinden sich zu einer sehr stimmungsvollen Einheit.

Eine Reihe kegelförmiger Koniferen säumt die Gartenlängsseite in regelmäßigem Abstand. Es sind besondere Gartenformen der Fichte (*Picea glauca albertiana* »Conica«), die ursprünglich in den kanadischen Rocky Mountains zu Hause war. Eibe oder Buchs wären hier ebenfalls verwendbar, benötigen aber für ein solches Erscheinungsbild einen regelmäßigen Formschnitt.

Zwischen der Koniferenzeile und dem Ufersaum befindet sich eine dichte Bepflanzung mit krautigen Arten, die miteinander um Raum konkurrieren und die Randmauer überborden. Hier gedeihen die sonnenliebende Rote Spornblume (*Centranthus ruber*) neben ihrer weißen Form, ferner Zweijährige wie Königskerze (*Verbascum bombyciferum*) und Fingerhut-Arten (*Digitalis* spp.) in zarten Rosa- und Gelbtönen. Einjährige Sommerkräuter füllen die verbleibenden Räume zwischen den Koniferen und dem Gartenweg, darunter weiße Geranien, blaue Glockenblumen und Schmuck-Zwiebeln. Sie zeigen ebenso erfrischende Sommerfarben wie die zartrosa Blüten der Eskallonien.

Clematis setzt schon sehr früh Farbakzente, aber dennoch sind es die Rosen, die im Mittelpunkt dieser Gartengestaltung stehen. Jede einzelne wurde wegen ihrer Eigenart und ihres traditionellen Aussehens ausgesucht. Selbst »Constance Spry«, eine modernere Neuzüchtung von 1960, erinnert eher an Erscheinungsbild und Duftwirkung

Der Blick vom Kanal zeigt die rosenbehangene Brücke und eine Ecke des schmalen Gartens, der sich längs des Ufers erstreckt. Die Seerosen schränken die Reflexion des Wassers ein, verzieren es jedoch gleichzeitig mit ihren malerischen Schwimmblättern und im Sommer mit wunderschönen, großen Blüten. Hochreichende Bäume vervollständigen die Szenerie.

85

einer Provinzrose des 19. Jahrhunderts. Mit ihren langen Ranken eignet sie sich wunderbar zur Umrahmung der Steinbank.

Zwei Kletterrosen markieren den Garteneingang. Die duftende »Zephirine Drouhin« entfaltet ihre kirschroten Blüten im Sommer und ein zweites Mal im Herbst. Die andere, »Pink Cloud«, ist ebenfalls eine neuere Züchtung (1952); sie duftet sehr intensiv und blüht mehrmals im Jahr. Zwei wundervolle Rankrosen verzieren die Brücke, nämlich »François Juranville« mit stark duftenden, kräftig rosafarbenen Blüten, die wegen ihrer langen, biegsamen Stengeln ideal für die Verwendung an Geländern ist, sowie »Veilchenblau«, die durch purpurviolette, im Abblühen sogar blaue Blüten auffällt.

Dieser Garten zelebriert geradezu die Schönheit der Rosen. Jeder Gartenteil ist einer bestimmten Gruppe vorbehalten, hier die Alba- und Centifolia-Rosen, dort Moos-, Essig- oder Damaszener-Rosen, die für diesen Garten in Frankreich, England, Dänemark und der Schweiz erworben wurden.

Solcher Aufwand ist sicherlich nicht unbedingt nötig, aber für die Anlage eines Rosengartens sollte man ein illustriertes Handbuch der Rosenkultur zur Hand haben und einen gut sortierten Fachhändler kennen, der insbesondere die alten Gartensorten bereithält. Der Besuch öffentlicher Gärten vermittelt ebenfalls wertvolle Anregungen. Nach all diesen Recherchen geht es an die Zusammenstellung der Farbpalette, bei der die intensiven, leuchtenden Farben moderner Kultivare mit ihrem Orange, Gelb und Rot vermieden werden sollten. Bedenken Sie, daß Rot sehr weit leuchtet und eine rote Rose gegen eine Ziegelmauer sehr unschön aussieht. Halten Sie sich besser an Weiß, Cremeweiß, Rosa und Zartgelb.

Die Beschäftigung mit Rosen kann zur Besessenheit werden, denn nur wenige andere Gartenpflanzen haben eine vergleichbar lange Geschichte oder eine ähnlich romantische Bedeutung. Das Blättern in Rosenkatalogen kann durch die Fülle an neuen Begriffen und poetischen Namen wie »Souvenir de Malmaison«, »Maiden's Blush«, »Old Blush« oder »Chapeau de Napoléon« sehr verwirrend sein. Nur wenige andere Gartentypen kommen so rasch zu sichtbaren Ergebnissen wie Rosenanlagen, da Rosen vergleichsweise einfach zu kultivieren sind. Kletter- und Rankrosen

Die alte Holzbrücke mit schön gearbeiteten Knaufpfosten dient als Pergola. Rankende Rosen werden von beiden Ufern an den Geländern entlanggeführt. Rosa blüht die stark duftende »François Juranville«, purpurviolett »Veilchenblau«.

Abgefallene Blütenblätter sehen auf dem dunklen Wasserspiegel wie Spitzlichter aus, die Seerosen greifen in ihren Blüten die gleichen Farben auf.

Oben: Die Sitzlaube bildet einen hübschen Abschluß des Gartenwegs: über einem einfachen Holzrahmen rankt die kletterfreudige Rose »Constance Spry«. Hier findet der Besucher ein lauschiges Plätzchen im Schatten.

»Fritz Nobis« ist eine moderne Strauchrose – eine Hybride aus einer Wildart und einer alten Sorte. Mit ihren bogigen Ranken und würzig duftenden Blüten eignet sie sich hervorragend für rückwärtige Beetbereiche oder für eine Rosenhecke.

benötigen etwas mechanische Unterstützung, mit deren Hilfe sie sich entfalten können. Während nur wenige Rosengärten so üppig zu gestalten sind wie in diesem Beispiel, läßt sich so manches unauffällige Wohnhaus durch Kletterrosen an den Wänden beträchtlich verschönern. Im Garten kann man Rosen an Zäunen ziehen, an Gartenhäusern, Säulen, Pfeilern, über Pergolen und selbst in alten Obstbäumen. Meine Lieblingsrosen sind die cremeweiße »Felicité et Perpetué« (1827), die wunderbar gelbe »Mermaid« (1917) – ein nahezu immergrüner Kletterer, der praktisch während des ganzen Sommers blüht und selbst an Nordfassaden gedeiht –, ferner die legendäre rosagoldene »Albertine« (1921) sowie die wahrhaft erstaunliche Rosa filipes »Kiftsgate« (1954) mit ihren Rispen cremeweißer Blüten. Die letztere Sorte ist so wüchsig, daß sie ein komplettes Haus in ein Dornröschenschloß verwandelt, wenn man sie nur läßt.

Links: Ansicht der gleichen Koniferenreihe von der Rückseite. Geschnittener Buchs, Standardrosen und eine Eibe im Hintergrund greifen die formale Anordnung der Koniferen auf. Eskallonie und verschiedene Stauden füllen jeden verfügbaren Zwischenraum und Winkel mit Grün und Blüten. Selbst die Fugen zwischen den Steinen wurden von bodenkriechenden Arten erobert.

Oben: Die formal in eine Reihe gepflanzten Schmuckkoniferen verbinden Haus und Garten optisch. Um sie herum findet sich eine dichte Bepflanzung mit verschiedenen krautigen Pflanzen.

Der japanische Garten

Dieser Garten atmet die Inspiration der reinsten japanischen Gartentradition, die auf alles Überflüssige und fast alle Pflanzen verzichtet – die eines Tempelgartens des Zen-Buddhismus. Er scheint dem berühmten Felsgarten des Ryuanji-Tempels in Kyoto nachempfunden zu sein, einer rechtwinkligen Fläche von den Abmessungen eines Tennisplatzes, auf der 15 Felsbrocken verteilt in fünf Gruppen aus dem weißen Sand aufragen. Alles, was das Auge streift, aber auch die Anordnung und Beziehungen zwischen den Komponenten, sind bedeutungsgeladen. Sand symbolisiert Wasser, die zahllosen Spuren der Harke stehen für den Wasserfluß. Die Steine werden entsprechend ihrer Größe, Farbe und Textur gedeutet. Es ist ein Garten, der betrachtet, aber nicht begangen wird.

Auch innerhalb eines modernen Kontexts kann diese Formel bemerkenswert erfolgreich umgesetzt werden. Wichtig ist ein abgeschlossener Innenhof, um Ruhe zu schaffen und die Abgeschiedenheit von Hektik, Lärm sowie visuellen Eindrücken und Aktivitäten zu gewährleisten. Moos als Bodendecker sieht sehr ansprechend aus und entspricht dem japanischen Vorbild. An seiner Stelle könnte man auch Gras verwenden, obwohl ihm die Samtweiche des Mooses fehlt. Zudem ist das Mähen schwierig. Der Sand muß zur Entfaltung seiner Wirkung absolut makellos sein. Regelmäßiges Harken ist unerläßlich.

Die Bepflanzung des Gartens ist sparsam, aber wohlbedacht. Immergrüne Zwergmispel wird an einer Mauer gezogen, Zierwein (*Vitis coignetiae*) rankt sich an der Loggia entlang. Zwei frei stehende Sträucher, *Rhododendron mollis*-Hybriden mit kräftigen Herbstfarben sowie ein Fächer-Ahorn (*Acer palmatum*) umrahmen die Blickachse und vervollständigen die Szene. Es ist in Europa jedoch kaum möglich, mehr zu tun, als einige Elemente dieser Tradition zu entlehnen, in der mit einer symbolischen Landschaft im kleinen tiefe Empfindungen und Naturerfahrungen zum Ausdruck gebracht werden.

Um die Jahrhundertwende gab es in Europa eine Vorliebe für alles Japanische. Gärten wurden mit Steinlaternen, Holzbrücken, Teepavillons, Kirschbäumen und Azaleen angefüllt. Obwohl im japanischen Garten tatsächlich einige wenige Blüten zu finden sind, darunter auch Zierkirschen, Azaleen, Chrysanthemen oder Blauregen, sind sie nicht unbedingt Bestandteil eines klassischen Gartens, in dem der Beständigkeit eine wesentlich größere Bedeutung zukommt als der vorübergehenden Schönheit.

Dieser Garten zeigt deutliche Bezüge zu Tempelgärten des Zen-Buddhismus. Fels-brocken verweisen auf auf-ragende »Berge« in einem »Meer« aus Sand, das, sorg-fältig geharkt, Wasser-strömung symbolisiert.

Rechts: Am Ende des »Meers« aus Sand öffnet sich eine Loggia, von der aus man den Garten bewundern und genießen kann. Die Fels-brocken wurden ihrer un-gewöhnlichen Form wegen ausgewählt und mit viel Ein-fühlungsvermögen plaziert.

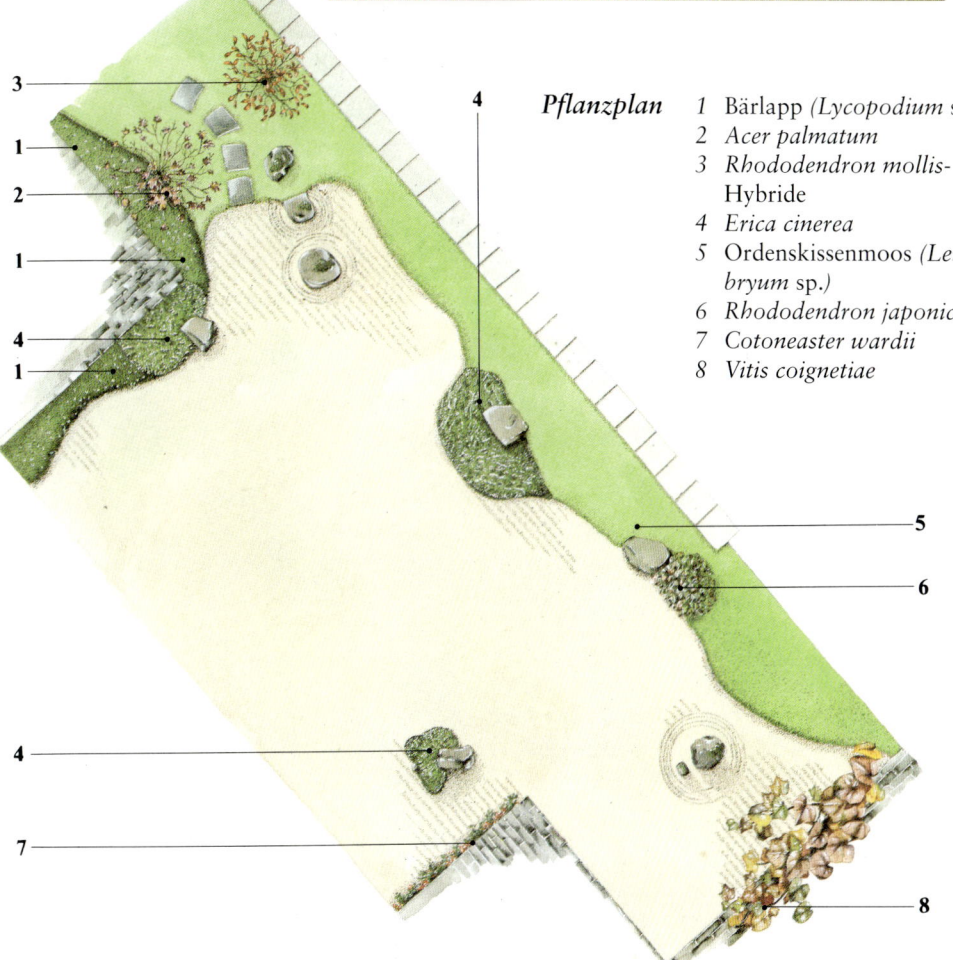

Pflanzplan

1 Bärlapp *(Lycopodium sp.)*
2 *Acer palmatum*
3 *Rhododendron mollis-*Hybride
4 *Erica cinerea*
5 Ordenskissenmoos *(Leuco-bryum sp.)*
6 *Rhododendron japonicum*
7 *Cotoneaster wardii*
8 *Vitis coignetiae*

Der urwüchsige Garten

Dieses Gestaltungsbeispiel spiegelt die tiefen Überzeugungen seines Entwerfers im Hinblick auf die Rolle, die ein Garten in Zeiten gewachsenen ökologischen Bewußtseins zu spielen hat. Sein Ziel war es, selbst auf einer sehr kleinen Fläche eine Pflanzenlandschaft zu schaffen, die so natürlich aussieht wie nur möglich. Nach gartengestalterischen Gesichtspunkten ist dieser Versuch eher die Umkehrung der Norm. In den meisten Gärten zwingt der Besitzer der Natur seinen Gestaltungswillen auf und ordnet oder arrangiert sie zu seiner Erbauung. In diesem Garten sind menschliche Wesen zweitrangig und allenfalls als Beobachter natürlicher Vorgänge geduldet oder als Bewunderer eingeladen. Die Pflanzen bilden keine Dekoration, sondern wirken, als ob der Garten eine idealisierte Version ihres angestammten Lebensraums sei.

Das Ergebnis nimmt sich aus, als habe man eine schönbewachsene kleine Waldlichtung der freien Natur genommen und in einen gewöhnlichen Hinterhof verpflanzt. Die Zugeständnisse an ein normales Gartenrepertoire beschränken sich auf einige wenige Dinge: Eine sehr einfache Pergola, die vom Wohnhaus ausgeht, zwei Holzbänke sowie Abschirmungen aus Holzpalisaden in unterschiedlicher Höhe. Sehr gut in die Gestaltung integriert und fast verborgen führt ein Ziegelweg zu einem Seiteneingang. Wenn man diesen nicht zu einer besonderen Attraktion ausgestalten kann, sollte er hinter einer Hecke, einer Mauer oder einer Bepflanzung mit Immergrünen zumindest geschickt verborgen werden.

Innerhalb der vertikalen Umrahmung aus Holz gehen die Pflanzengruppen gleichsam ineinander über, ohne jeden Hinweis auf eine übliche Beetbepflanzung. Die so gestaltete Fläche ist sehr klein bemessen. Die Illusion, sie reiche dahinter noch viel weiter, wird durch die rückwärtige Bepflanzung außerhalb der Palisaden und insbesondere durch die Bäume, deren Äste und Laub in den Mittelbereich ragen, verstärkt. Zu ihnen gehören unter anderem ein Fächer-Ahorn (*Acer palmatum*), eine Weide (*Salix* x *chrysocoma*) sowie ein Lederhülsenbaum (*Gleditsia triacanthos* »Sunburst«). Die Weide besitzt hängende Zweige und zeigt im Frühjahr wunderschön gelbgrüne Triebe. Der Fächer-Ahorn färbt sein Laub im Herbst in flammendes Karminrot oder Goldgelb, und der Lederhülsenbaum gefällt als kleiner Baum mit seinen interessant gefiederten blaßgrünen Blättern.

Diese kleine umschlossene Vertiefung lenkt den Blick auf einen Teich mit Seerosen (*Nymphaea*-Hybriden) und feuchteliebende Pflanzen wie Gelbe Schwertlilie (*Iris pseudacorus*), Waldmeister (*Galium odoratum*), verschiedene Wedelfarne (*Polystichum falcatum, P. setiferum, Onoclea sensibilis*) sowie Bambus (*Arundinaria*). An der umgrenzenden Palisade klettern Clematis und Geißblatt mit zusätzlicher Farb- und Duftwirkung. Der Garten stirbt im Herbst und erwacht im Frühling zu neuem Leben.

Wie die Natur ist der Garten überwiegend grün und enthält Blüten nur als gelegentliche Farbkleckse. Seine Pflege ist zweifellos aufwendig, da der Boden feucht und nährstoffreich bleiben muß. Das Ergebnis ist jedoch sehr ansprechend.

Oben: Fast jede Pflanze in diesem Garten ist krautig. Der Eigentümer akzeptiert winterliche Kahlheit des Gartens zugunsten einer sommerlichen Üppigkeit der Bepflanzung.

Links: Accessoires dieses Gartens sind eine einfache Pergola und zwei Holzbänke. Rechts führt ein Weg mit Ziegelbelag zum Seiteneingang des Gartens. Eine Bank ist so aufgestellt, daß der Besucher den Teich und seinen Mikrokosmos betrachten kann.

Nahansicht des Gartenteichs mit Goldfischen und Seerosen. Sein naturnahes Aussehen wurde durch Verdecken der Ränder mit überhängenden Farnen erreicht.

Pflanzplan

1 Cercidiphyllum japoni-
   cum
2 Camellia x williamsii
3 Iberis saxatilis
4 Genista lydia
5 Nandina domestica
6 Pachysandra terminalis
7 Arundinaria murielae
8 Fuchsia-Hybride
9 Ruscus aculeatus
10 Pulmonaria officinalis
11 Lamiastrum galeob-
    dolon
12 Polygonatum x hybri-
    dum
13 Polystichum setiferum
14 Crocosmia x crocosmii-
    flora
15 Onoclea sensibilis
16 Salix gracilistyla
17 Acer palmatum
18 Iris pseudacorus
19 Prunella x webbiana
20 Nymphaea-Hybride
21 Pulmonaria rubra
22 Galium odoratum
23 Arundinaria variegata
24 Helleborus corsicus
25 Polystichum falcatum
26 Clematis-Hybride
27 Cytisus scoparius
28 Berberis hookeri
29 Hebe rakaiensis
30 Salix lanata
31 Bergenia cordifolia
32 Sorbus aucuparia
33 Actinidia kolomikta

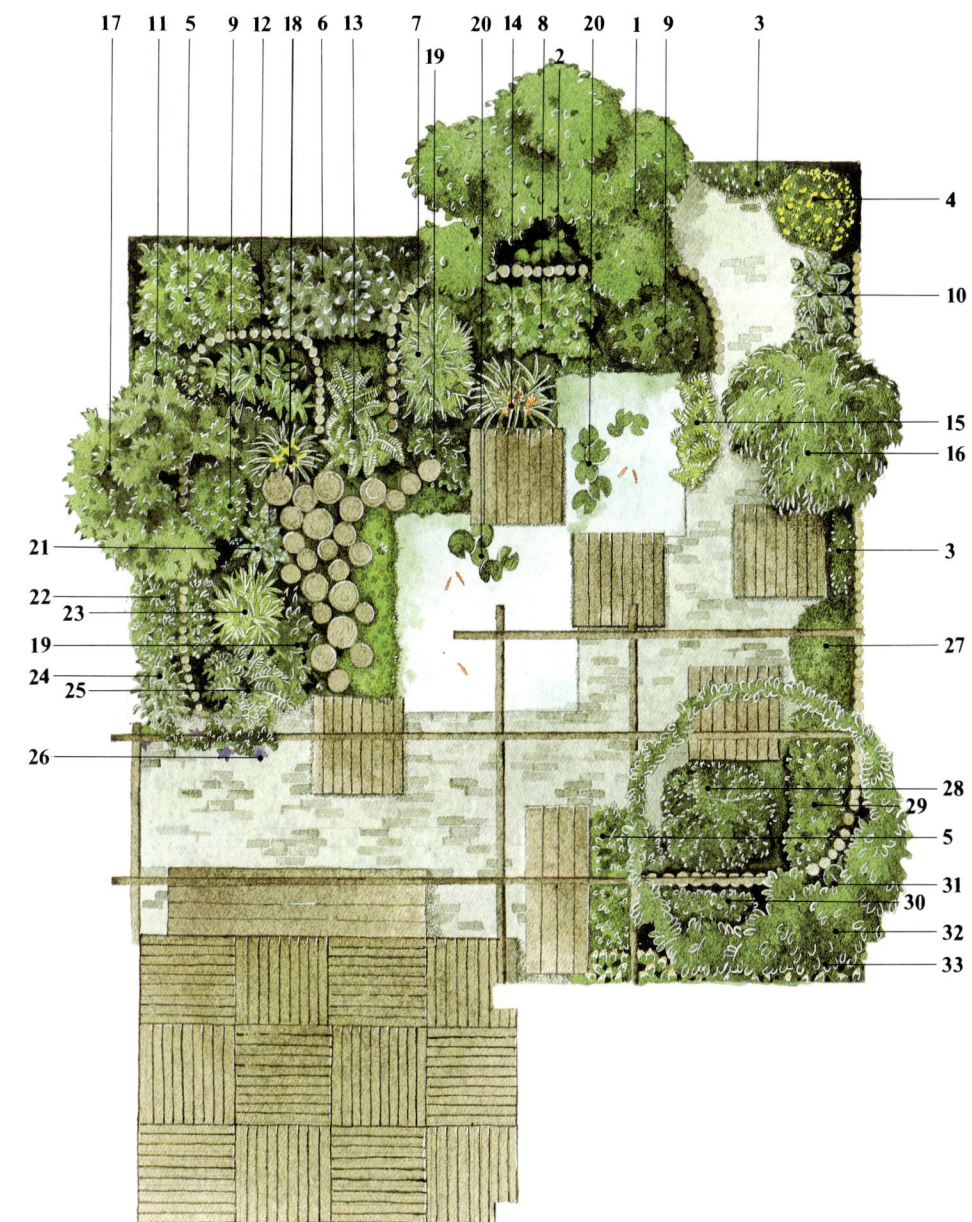

Der Küchengarten

Eine der anregendsten Wiederentdeckungen der letzten Jahre ist der Küchen- oder ornamentale Gemüsegarten. Im 16. Jahrhundert legte man solche Küchengärten in dekorativen Beeten an, fast im Stil von Labyrinthen oder barocken Gartenparterres mit Beerensträuchern und Obstbäumen in Kreisen, Quadraten oder anderen augenfälligen geometrischen Mustern. Diese Tradition starb gegen Ende des 17. Jahrhunderts aus, als Nahrungspflanzen vor allem in ummauerten Gärten gezogen wurden. Allmählich geriet somit auch ihr ästhetisches Potential in Vergessenheit.

Bücher über Obstbau und Gemüsekultur geben in großer Genauigkeit viele praktische Ratschläge, scheinen aber nicht zu bemerken, daß ein solcher Nutzgarten auch von einem guten Design profitieren könnte. Die Gestaltung fällt deshalb mit Reihen von Gemüsepflanzen in allen Richtungen, ohne Durchmischung und sicherlich ohne Rücksicht auf Farbe, Gestalt und Form eher banal aus. Die Gestaltungsmöglichkeiten sind indessen enorm, wenn man nur einmal an die machbaren Muster aus Rotkohl und frischgrünem Kopfsalat, aus den Röhrenblättern der Gemüsezwiebeln und dem gefiederten Laub der Mohrrüben denkt. Kugelige Artischocken sind mit ihren großen graugrünen Blättern so dekorativ, daß man sie in jedes umsäumte Kräuterbeet setzen könnte.

Dieser Küchengarten ist ein perfektes Beispiel dafür, wie die Kunst der Gestaltung auch auf einen Nutzgarten anzuwenden ist. Der Designer dieses Gartens wurde durch ein altes englisches Gartenbuch aus der Tudor- und Stuartzeit mit seinen zahlreichen Holzschnittansichten geometrischer Gärten inspiriert. Ohne Zweifel ist diese Art der Gartennutzung auch im Hinblick auf Bewirtschaftung, Pflege und Neubepflanzung sehr herausfordernd. Die meisten Gemüsepflanzen sind nämlich einjährig und müssen folglich jährlich ersetzt werden. Diese Anlage ist erkennbar ein Garten für die Zeit vom Frühling bis zum Herbst. Im Winter bleiben eigentlich nur das Geäst der Obstgehölze und ein paar immergrüne Gewürzpflanzen. Auf der anderen Seite bietet er den beachtlichen Vorteil, die eigene Ernte chemiefrei einzutragen, wenn man biologisch gärtnert.

Alle Gemüse und Obstgehölze benötigen Schutz. Daher muß man den Küchengarten mit einer Mauer, einer Hecke oder einem Zaun einfrieden. Mauern und Zäune sind für die Gartenpflanzen keine Konkurrenten um Bodenfeuchte oder Nährstoffvorrat. Außerdem beanspruchen sie nur relativ wenig Platz und bieten einen idealen Hintergrund für Spalierobst. Hecken aus Eibe, Stechpalme, Hainbuche, Weißdorn oder einer Mischung dieser Gehölze sehen sehr hübsch aus, benötigen aber einige Jahre, um die gewünschte Höhe zu erreichen und erfordern eine gewisse Pflege. Natürlich entnehmen sie dem Gartenboden Nährstoffe und Wasser für ihr Wachstum. Früher trieb man Eisenbleche in den Boden, um die Wurzelräume zu trennen. Heute betont man eher die zahlreichen biologischen Wohlfahrtswirkungen einer Gartenhecke. In diesem Garten ist die angrenzende alte Steinmauer ein sehr schöner Hintergrund. Wenn die Wahl besteht, ist eine sonnige Lage mit offener Umzäunung und wenig Beschattung an der Mittagsseite für den Küchengarten sehr vorteilhaft.

Zusätzlich kann man die dekorative Wirkung eines Küchengartens durch besondere Randbepflanzungen steigern. Zumindest einige Beete sollten mit traditionellen Zwergbuchshecken (*Buxus sempervirens* »Fruticosa«) umsäumt sein. Auch manche Gewürzpflanzen sind hierfür bestens geeignet. Als dauerhaftere Lösung in Gebieten mit milden Wintern bietet sich wie hier eine Mischbepflanzung aus Zypressenkraut, Rosmarin oder Lavendel an. Thymian, Schnittlauch und selbst Petersilie erzeugen ihrerseits sehr dekorative Effekte.

Das Verbindungssystem der Wege sollte auf einfachen geometrischen Mustern beruhen. Wenn Sie sie anordnen, bedenken sie die Blickwirkung aus der Entfernung, bestehende Blickfänge und die Schaffung neuer. Die Wege soll-

Vier becherartig gezogene Apfelbäume bilden den Mittelteil dieses dekorativen Gemüsegartens, der wie ein barockes Gartenparterre angelegt ist. Außerhalb des Schnittlauch-Zirkels gedeihen in jedem Geviert andere Gemüsesorten. Ein Beetsaum mit rotlaubigem Salat vervollständigt das Design.

Pflanzplan

1 Goldlaubiger Hopfen (*Humulus lupulus* »Aureus«)
2 Wirsing
3 Stangenbohne
4 Spitzkohl
5 Rotkohl
6 Endivie
7 Kartoffel
8 Porree
9 Apfelbaum (in Bechergestalt erzogen)
10 Erdbeere
11 Sellerie
12 Krauskohl
13 Mohrrübe

14 Buchspyramide (*Buxus sempervirens*)
15 Rettich/Radieschen
16 Zuckererbsen
17 Kopfsalat
18 Spinat
19 Blumenkohl
20 *Rosa* »Little White Pet« (Standard)
21 Lavendel (*Lavandula spica*)
22 Petersilie
23 Anzuchtbeet
24 Rote Bete
25 Rosenkohl
26 Ackerbohne
27 Jerusalem-Artischocke
28 Brokkoli
29 Radicchio
30 Gemüseerbsen
31 Kugel-Artischocke
32 Buschbohne
33 Kohlrabi
34 Zwetschgenbaum
35 Fenchel
36 Kletterbohne
37 Kirschbaum
38 Johannisbeeren

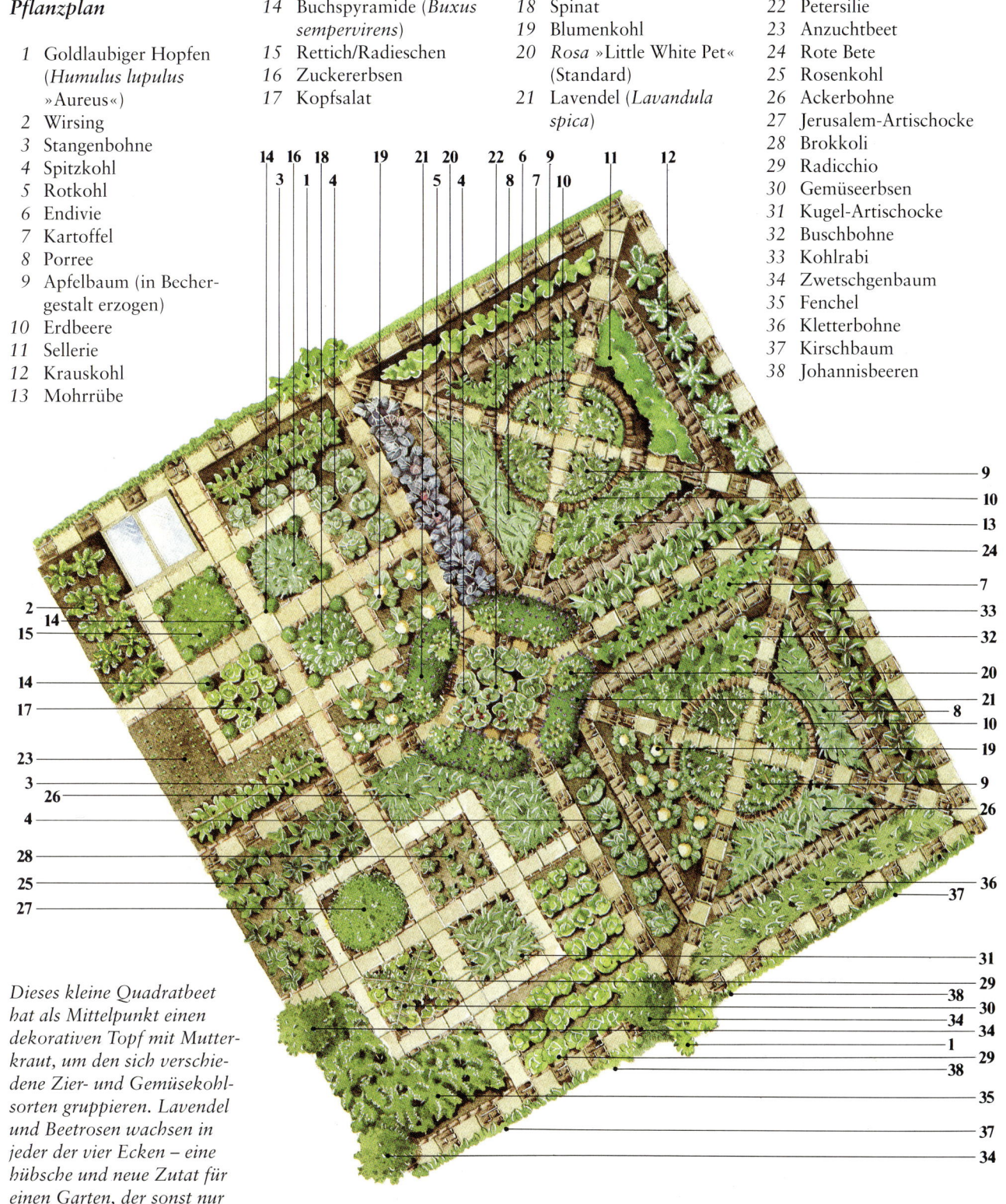

Dieses kleine Quadratbeet hat als Mittelpunkt einen dekorativen Topf mit Mutterkraut, um den sich verschiedene Zier- und Gemüsekohlsorten gruppieren. Lavendel und Beetrosen wachsen in jeder der vier Ecken – eine hübsche und neue Zutat für einen Garten, der sonst nur aus Nutzpflanzen besteht.

Oben: Eine einfache Laube aus Holzpfählen und -gittern wird von goldlaubigem Hopfen (Humulus lupulus »Aureus«) verkleidet. Die Laube ist ein idealer Aussichtsplatz.

Rechts: Hier wachsen Erbsen an einem Bambusgestänge, das in Form von Andreaskreuzen errichtet ist; dazwischen Kopfsalat.

ten breit und fest genug sein, um mit einer Schubkarre befahren zu werden. Es ist wichtig, daß die Beete zur Bearbeitung, zum Jäten und Ernten gut erreichbar sind. Von Graspfaden zwischen den Beeten ist abzuraten, da diese sehr pflegeaufwendig sind. Kiesbestreuung ist ebenfalls problematisch, da sie sehr leicht verkrautet, sich aber im Nutzgarten die Anwendung von Unkrautvernichter verbietet.

Ein Küchengarten ist natürlich kein Ort zur Aufstellung von Statuen oder dekorativen Pflanzschalen. Allenfalls eine Sonnenuhr auf einer Säule an einer Wegekreuzung könnte eine interessante Zutat sein. Anonsten ist dieser Garten eine Stätte der Einfachheit mit wenigen kegelförmig geschnittenen Gehölzen oder einem bescheidenen Terrakottatopf als Blickfang. In diesem Garten wurde ein Henkelgefäß mit gelblaubigem Mutterkraut (*Chrysanthemum parthenium* »Golden Ball«) aufgestellt. Andere traditionelle Keramikgefäße wären gleichwertig verwendbar.

Größere, den Blick einfangende Strukturen wären hübsch, wenn der Platz dafür vorhanden ist. Eine der attraktiven Zutaten dieses Gartens ist die Laube aus unbehandelten Holzgittern, an der im Sommer goldlaubiger Hopfen (*Humulus lupulus* »Aureus«) klettert. Solche Elemente unterstützen ebenso wie die ornamentalen Apfelbäume die in diesem Garten dringend benötigte Höhenstaffelung. Jeder der Apfelbäume wurde aus vier unteren Ästen erzogen, die nach oben zu einem becherförmigen Rahmen zusammengebunden sind. Andererseits muß man solche komplizierten Versuche nicht unternehmen, ein wandangelehntes Spalier mag durchaus genügen. Apfel- und Birnbäume ertragen im Gegensatz zu anderen Obstbäumen ohne weiteres kräftigen Formschnitt. Hinsichtlich der Sortenwahl sollte man fachmännischen Rat einholen und sich über unterschiedlich wüchsige Veredelungsunterlagen oder günstige Pollenspender sowie über erhaltungswürdige Landsorten oder Standortvarietäten informieren. Die Kultur von Stangenbohnen an pyramidenartig gegeneinandergeneigten Bohnenstangen zeichnet den richtigen Gemüsegarten aus, obwohl die Stangen anfangs noch sehr kahl aussehen. Unter den Beerensträuchern bieten sich Stachelbeeren oder Beetrosen aus der Floribunda-Gruppe als mittelformatige Gestaltungselemente an.

Die hübsche Anordnung der verschiedenen Gemüse ändert sich von Jahr zu Jahr schon allein aus Gründen des Fruchtwechsels – ein Problem, mit dem sich viele Gartenpraxisbücher ausführlich auseinandersetzen –, aber auch aus gestalterisch-ästhetischen Überlegungen. Manche Teilflächen sollten sogar innerhalb der gleichen Wachstumsperiode neu bestellt werden, wenn die Frühsommerernte Raum für spätsommerliche Gemüse schafft.

Ein Küchengarten ist sicher eine der verlockendsten und herausforderndsten historischen Gartenformen. Er benötigt aber ständige Pflege und viel gestalterisches Können.

Der Rasengarten

Den hier vorgestellten Garten hat als einzigen in diesem Buch ein Architekt entworfen, der Schüler von zweien der großen Architekten des Internationalen Stils, nämlich Mies van der Rohe und Aalvar Aalto war. Seine Lösung, die von der Überzeugung ausgeht, ein Haus sei eine Wohnmaschine, behandelt auch den Garten nicht als Dekorationsstück, Kunstwerk oder Phantasieraum, sondern weist ihm eher die Funktion eines Wohnraums im Freien zu. Es ist eine Fläche, auf der die Natur lediglich ein paar Akzente in Bezug zur Architektur setzt.

Diese besondere Gestaltung ist sehr stark von fernöstlichen Gärten beeinflußt, aber statt deren Merkmale direkt zu kopieren, wurden sie an die westliche Tradition angepaßt. Die Beziehung eines modernen Wohngebäudes zu seinem Garten kommt derjenigen eines japanischen Hauses recht nahe, bei dem Schiebewände direkten Kontakt zum Garten bieten und Betrachtungen der Natur ermöglichen. In der Formensprache des Internationalen Stils wurden diese Schiebewände durch bodentiefe Fenster ersetzt. Der Garten hat die Aufgabe, seinem Besitzer Abgeschiedenheit zu bieten und dies um so mehr, als Glaswände zur Einblicknahme in das Haus geradezu einladen.

Der hier gezeigte Garten ist ein grüner Garten, der seine Farbgebung nur leicht durch die Jahreszeiten variiert. In diesem Garten ist die aktuelle Auswahl der Pflanzen von geringer Bedeutung, wichtig ist, daß sie widerstandsfähig und pflegeleicht sind. Zuneigung zu den Pflanzen und gärtnerischer Enthusiasmus sind hier nicht zu spüren, dennoch hat der Garten seinen ganz eigenen Stil und bietet viel Freiraum zur Entspannung.

Was immer die Theorien hinter diesem Gartendesign sein mögen, vom rein praktischen Gesichtspunkt stellt er geradezu eine Ideallösung für einen Garten dar, der von einer Familie mit Kindern genutzt wird. Seine Elemente sind denkbar einfach: ein ausgedehnter, etwas rauhgeschnittener Rasen mit blühenden Gänseblümchen, der von Bäumen und Sträuchern umgeben ist, und dazu ein einfacher Holzzaun und eine Hecke als Sichtschutz. Die Gestaltung unmittelbar am Haus sorgt für einen einfühlsamen Übergang zwischen draußen und drinnen: Eine kurze Verbindungstreppe führt hinunter zu einer Terrasse mit Ziegelbelag mit einem erhöhten Beet auf einer Seite sowie einem verborgenen Seiteneingang auf der anderen. Kein Blumenbeet unterbricht diesen Garten, der sich dem Betrachter als grüner, offener Raum darbietet.

Es gibt nur wenige Gärten, die auch von denjenigen ohne weiteres akzeptiert werden, die lieber keinen haben möchten. Dieser gehört zweifellos dazu. Das Gras muß nur selten geschnitten werden – moderne Mäher erleichtern die Arbeit ohnehin –, und ein gelegentliches Zurechtstutzen der Gehölze oder ein einziger Heckenschnitt im Jahr sind zur Pflege des Gartens ausreichend. Insgesamt könnte man diese Lösung sogar als sehr gelungenen »Anti-Garten« bezeichnen.

Oben: Blick in die Nutzecke des Gartens. Ein Zaun aus gebogenen Betonbauteilen verdeckt die Abfalltonnen und einen Geräteschuppen.

Die Elemente dieser Gartenfläche sind außerordentlich
einfach – ein größerer Baum,
ein ausgedehnter Rasen
sowie ein paar Immergrüne
und Heckensträucher.

Der schmale Treppenaufgang wird von zwei Farnen (Athyrium filix-femina) hinter einer purpurlaubigen Lamberts-Hasel (Corylus maxima »Purpurea«) flankiert.

Pflanzplan

1 Mahonia japonica
2 Viburnum tinus
3 Hebe rakaiensis
4 Elaeagnus pungens
5 Gaultheria shallon
6 Ruscus aculeatus
7 Carpinus betulus
  (Hecke)
8 Myrtus communis
9 Lonicera pileata
10 Polypodium vulgare
11 Phormium tenax
12 Macleaya cordata
13 Hebe pinguifolia
14 Berberis thunbergii
15 Viburnum davidii
16 Cotoneaster lacteus
17 Hemerocallis-Varietäten
18 Ligularia dentata
19 Picea abies
20 Populus x berolinensis
21 Viburnum plicatum
22 Pyracantha coccinea
23 Hebe speciosa
24 Sommerblumen
25 Iris sibirica
26 Hosta undulata
27 Kalmia latifolia
28 Iberis sempervirens
29 Lonicera japonica
30 Taxus baccata
31 Polystichum setiferum
32 Cotoneaster salicifolius
   floccosus
33 Polystichum falcatum
34 Euonymus japonica
35 Prunus laurocerasus
   (Hecke)

Der kleine Blumengarten

Für alle, die für einen Blumengarten, wie auf den Seiten 74 bis 77 vorgestellt, nicht genügend Platz haben oder durch den großen Pflegeaufwand entmutigt sind, bietet sich hier eine andere Lösung an. Dieser erfreuliche, sehr kleine Garten konzentriert die überbordende Blumenfülle der großen Variante auf Kleinformat und reduziert damit auch die Vielzahl der Pflegearbeiten. Der Eindruck reichen Überflusses bleibt jedoch erhalten.

Der Entwurf besteht aus einer quadratischen Fläche mit Granitsplitbelag, die rundherum mit Pflanzbeeten umgeben ist. In zwei gegenüberliegenden Ecken sind große Kreuzkraut-Stauden (*Senecio* »Sunshine«) vorgesehen, eine immergrüne Züchtung mit kleinen, gelben Korbblüten und silbrigem Laub.

In der Nähe der Tür steht ein größerer Rosmarinbusch (»Miss Jessup's Upright«) inmitten von Strauch-Fingerkraut (*Potentilla*) und Weinraute (*Ruta graveolens* »Jackman's Blue«). Außerdem wachsen hier weiße und blaue Glockenblumen (*Campanula persicifolia*) sowie winterblühende Nieswurz (*Helleborus foetidus*). Ein süß duftender, sommerblühender Jasmin (*Jasminum officinale*) verkleidet die graubraune Steinwand. Anstelle von Strauchrosen hätten sich hier auch Kletterpflanzen angeboten, die über den Türbereich ranken. Ein paar Exemplare von Goldlack (*Cheiranthus cheirii*) und Primeln (*Primula* x *polyanthus*) setzen Farbtupfer im Frühjahr.

Katzenminze (*Nepeta* x *faassenii*) im Topf zu kultivieren, ist eine hervorragende Idee. Ein Blumengarten mit diesen kleinen Abmessungen kann vom Frühjahr bis zum Herbst mit solchen blühenden Topfpflanzen von Hyazinthen bis Chrysanthemen belebt werden.

Was diesen Garten so gelungen erscheinen läßt, ist die Verwendung von Granitsplit. Aber auch ein Ziegelbelag mit einem einfachen Muster oder Natursteinpflaster wären eine interessante Variante. Bei diesen kleinen Dimensionen müssen die verwendeten Materialien auch einer näheren Betrachtung standhalten, weswegen Naturbaustoffe vorzuziehen sind.

Ein Austausch der Kreuzkrautstauden gegen einen Zierapfelbaum würde nicht nur Blüte und Frucht bieten, sondern dem Garten auch ein wenig Höhenstaffelung bieten, die im Augenblick nicht gegeben ist. Auch ein Formbuchs würde dies leisten. Ein paar Narzissen, Krokus und frühblühende Schwertlilie könnten zusätzlich an den Beeträndern gepflanzt werden, um den ausklingenden Winter zu verschönern.

Pflanzplan

1	*Jasminum officinale*	8	*Campanula persicifolia*
2	*Rosa gallica*	9	*Helleborus foetidus*
3	*Rosa* »Queen Elizabeth«	10	*Nepeta* x *faassenii*
4	*Rosa* »Masquerade«	11	*Ruta graveolens* »Jackman's Blue«
5	*Potentilla fruticosa*-Varietät	12	*Rosmarinus officinalis*
6	*Fuchsia magellanica*-Varietät	13	*Lavandula spica*
7	*Senecio neapolitana*	14	*Primula vulgaris*
		15	*Cheiranthus cheirii*

Der Dachgarten

Dieser spektakuläre Dachgarten wirkt wie ein Hollywood-Filmepos mit Hunderten von Darstellern. Tatsächlich sind im Schutz der Brüstungen und Steildächer dieser beiden großen Wohnstudios an die 800 Topfpflanzen aufgestellt. Diese ansehnliche Pflanzgefäßkollektion befindet sich zwischen und auf den zahlreichen Brückchen und Stufen, die die verschiedenen Ebenen miteinander verbinden. Dies ist Dachgartenkultur im großen Stil, die durch die formschönen Fiberglasminarette sehr exotisch wirkt. Diese Anlage bietet eine Fülle von Ideen, die sich auch auf kleineren Flächen mit weniger Aufwand realisieren lassen.

Obwohl ein Dach potentiell immer ein wertvoller Außenraum ist, bedarf es bei der Einrichtung eines Dachgartens einiger Vorsicht. Vor allem ist das zusätzliche Gewicht zu berücksichtigen. Ohne fachliche Betreuung durch einen Architekten oder Ingenieur sollte man in dieser Richtung keine Versuche starten. Mit Pflanzerde gefüllte Wannen, Kästen, Töpfe und Schalen aus Kunststoff, Terrakotta, Fiberglas oder Kunststein sind wahre Schwergewichte, die noch mehr wiegen, wenn sie naß sind. Damit kommen wir schon zum zweiten Problem, der Bewässerung. Der hier vorgestellte Garten ist mit einem aufwendigen Bewässerungssystem (insgesamt 12 Zapfstellen) ausgestattet. Während der Wachstumsperiode ist die tägliche Bewässerung absolut notwendig, denn Wind und Wärme, die von den benachbarten Dachziegeln ausgehen, trocknen Pflanzerde und Pflanzen gleichermaßen aus. Wasserdichtigkeit und Drainage sind ebenfalls sehr wichtig. Der Fachhandel bietet für die Abdeckung von Dachgärten besonders leichtgewichtiges Belagmaterial an, welches auch hier verwendet wurde. Eine Holzbeplankung wäre eine andere Möglichkeit. Wie immer die Oberflächengestaltung aussieht, sie darf bei punktueller Auflast kein Niederschlagswasser durch die Abdichtung lassen und andererseits auch nicht den Wasserabfluß behindern. Die Dachbereiche müssen zudem zugänglich sein, um zahllose Säcke Pflanzerde heranzutransportieren, aber auch um Abfälle und Fallaub wegzuschaffen. Auch benötigt man einen geräumigen Transportweg für bereits größere Pflanzen – manchmal sogar einen Ladekran.

Obwohl dieser Garten von der Nachbarschaft großer Bäume profitiert, ist er in der Ausnutzung der zahlreichen Ecken und Winkel sehr phantasievoll. Bedauerlicherweise bestehen Dachgärten sehr oft nur aus ein paar Pflanzkübeln,

Dachgartenpanorama mit umrahmenden weißen Holzgittern und kleinen Brücken zur Verbindung der verschiedenen Ebenen. Abgesehen von den offensichtlich älteren Bäumen der unmittelbaren Nachbarschaft wächst jede sonst erkennbare Pflanze dieser Anlage in einem Pflanzgefäß. Diese Gestaltungsform ist mit großem Arbeits- und Pflegeaufwand verbunden. Das Ergebnis ist jedoch bestechend.

109

die ohne Gefühl für Gestaltung abgestellt wurden. Das Ergebnis sieht dann entsprechend trist aus. In diesem Beispiel sind die Übergänge und Brücken voll einbezogen, wobei die gesamte Fläche von einem zwei Meter hohen Gitterwerk umgeben ist. Alle Holzkonstruktionen, die einfach und gut gestaltet sind, tragen einen weißen Anstrich: ein idealer Hintergrund für Blattwerk und Blüten. Sie bieten auch hinreichend Möglichkeiten zur Plazierung der verschiedenen Pflanzcontainer.

Grün allein ist noch keine Garantie für einen gelungenen künstlichen Garten. Hier bietet es sich in einer erstaunlichen Palette dar – dunkelgrüne und panaschierte Blätter, Hellgrün mit Gelb oder hinterlegt mit Silbergrau. Dagegen heben sich Rot und eine ganze Serie von Rosanuancen üppig, aber keinesfalls aufdringlich ab. Auch nachts ist der Garten lichtdurchflutet, wobei sich Rot und Rosa als Idealfarben bei künstlichem Licht erweisen. Die weißen Holzbrücken, Wandgitter und Gartenmöbel fügen sich ebenfalls hervorragend ein.

Pflanzen überleben in einem Pflanzgefäß viele Jahre, sofern sie ihren natürlichen Bedarf an Wasser und Nährstoffen erhalten. Pflanzen aus dem Gartenfachgeschäft haben ohnehin einen großen Teils ihres Lebens in Gefäßen verbracht. Wie lange sie darin weiterhin überdauern, ist eigentlich nur eine Frage der Pflege. Gärtnern nur mit Topfpflanzen ist eine recht arbeitsaufwendige und teure Form der Gartenkultur. Wenn der Dachgarten nicht an ein Gewächshaus angrenzt oder über einen Garten auf Bodenniveau verfügt, kann die Überwinterung empfindlicher Pflanzen ebenso zum Problem werden wie die Haltung von Exemplaren außerhalb der Präsentationssaison. In diesem Fall werden die kälteempfindlichen Fuchsien jedes Jahr neu gepflanzt, ein kleines Zugeständnis an die Witterung im Vergleich zur restlichen Flora, die jahrelang vor Ort bleibt. Andererseits entfallen bei einem Dachgarten Mähen oder Unkrautjäten, wohingegen man zahllose Möglichkeiten der Aufstellung oder Umgruppierung hat. Die Pflanzerde kann man zudem individuell den betreffenden Pflanzen (kalkliebend oder nicht) anpassen. Wie rasch sich die Pflanzenfülle auch unter diesen Voraussetzungen entwickelt, zeigt die Tatsache, daß die gesamte Anlage zum Aufnahmezeitpunkt erst vier Jahre bestand.

In einer solchen Umgebung müssen Bäume attraktiv, widerstandsfähig und auch sonst unproblematisch sein. Trotz dieser einschränkenden Kriterien bietet sich eine größere Auswahl an, beispielsweise Felsenbirne (*Amelanchier laevis*) mit kleinen, sternchenförmigen Blüten im Frühjahr und intensiv goldenem oder karminrotem Herbstlaub. Rotlaubiger Perückenstrauch (*Cotinus coggygria* »Royal Purpur«) wächst eher strauchförmig, kann aber gegebenenfalls auch zum kleinen Baum werden. Ferner bieten sich an Lederhülsenbaum (*Gleditsia triacanthus* »Sunburst«) mit

Die kleine, abgeschiedene Sitzecke ist von Hortensien und großen Bäumen umgeben. Die helle Bodenpflasterung ist besonders leicht und wurde speziell für diesen Dachgarten ausgewählt.

111

hellgrünen, gefiederten Blättern, Weidenblättrige Birne (*Pyrus salicifolius* »Pendula«) mit silbrig behaartem Laub, die der Trauer-Weide sehr ähnlich, aber weitaus eleganter ist, sowie eine besondere Gartenvarietät des Berg-Ahorns (*Acer pseudoplatanus* »Brilliantissimum«), dessen Blätter im Frühjahr krabbenrosa austreiben, sich dann eine Weile bronzefarben zeigen und schließlich voll ergrünen.

Die in diesem Dachgarten verwendeten Sträucher und Stauden sind Rhododendron, Pfeifenstrauch, Schneeball, Lavendel, Lupinen, Geranien und verschiedene weitere Kräuter. Hier und da sind auch einige skulptierte Schmuck-objekte eingestreut. Hinzufügen könnte man noch einige in Kegelform geschnittene Buchssträucher oder Kugelbüsche aus Lorbeer, um dem architektonischen Rahmen noch ein paar besondere Akzente zu verleihen.

Die aufgestellten Gartenmöbel zeigen, daß dieser Garten-bereich nicht nur zum Umhergehen, sondern auch zum Aufenthalt einlädt.

Der Pflastergarten

Der Blick vom Obergeschoß zeigt die beiden dem Gartenrechteck eingeschriebenen Kreisflächen. Deren Ränder mildert eine üppige Bepflanzung mit Sträuchern und Kletterpflanzen sowie eine Anzahl aufgestellter Topfpflanzen.

Dieser Garten wurde im Hinblick auf einen minimalen Pflegeaufwand entworfen und besteht im wesentlichen nur aus zwei großen Kreisen in Ziegelbelag vom Durchmesser der Gartenbreite. Diese täuschen über den schmalen Flächenzuschnitt geschickt hinweg. Eine ebenso gelungene Variante wären Achtecke oder zwei bis drei Ovale. In diesem Beispiel nehmen die Ziegel und Deckplatten die Sonnenwärme auf und intensivieren den Duft der angrenzenden Sommerblumen, wie Lilien, Ziertabak, Jasmin und Geißblatt, wobei die beiden Kletterpflanzen vom Nachbargrundstück übernommen wurden.

Die damit geschaffene große, offene Fläche ist nicht nur pflegeleicht, sondern bietet viel Platz zum Sitzen und Essen oder für die übrige Freizeit. Sie wird belebt von mehrjährigen Pflanzen in Terrakottatöpfen, beispielsweise Stechpalme in schönem Formschnitt, oder Saisonalen wie Tulpen, Petunien, Fleißige Lieschen, Farne, Fuchsien und Funkien. In der Nähe des Hauses bieten auch die Stufen hinauf zum Wohnbereich größeren Stellplatz für weitere Blumentöpfe. Mit Hilfe einer schmückenden Gitterwand oder einer Kastenhecke mit Bogendurchgang ließe sich der Gartenraum in zwei getrennte Teilbereiche untergliedern und damit ein gewisses Überraschungsmoment einführen, was dem Garten etwas Geheimnisvolles geben würde.

Dieser Garten ist nach Norden ausgerichtet, woraus sich die Auswahl vieler schattenverträglicher Pflanzen und die Anordnung der Sitzmöglichkeit am gegenüberliegenden Gartenende erklären, das während des Sommers noch am längsten Sonnenschein erhält. Der Schattenbereich nahe beim Haus ist in blasseren bzw. gelblichen Grüntönen bepflanzt, um auch hier die Illusion von Sonnenschein zu vermitteln. Dies leistet der goldlaubige Berg-Holunder (*Sambucus racemosa* »Plumosa Aurea«), der vom Frühjahr zum Sommer allmählich von Gelb zu hellerem Grün übergeht in Verbindung mit weiteren gelblaubigen Pflanzen. Außerdem finden sich hier immergrüne Farne neben Funkie und Aronstab, die allesamt die Schattenwirkung ein wenig auflockern. Die übrige umrahmende Gartenbepflanzung besteht aus Sträuchern und Kletterpflanzen mit scharf kontrastierenden Blattgestalten: Bambus (*Arundinaria nitida*), Neuseeländischer Drachenbaum (*Cordyline australis*), Kamelie, Kreuzkraut (*Senecio* »Sunshine«), Orangenblume (*Choisya ternata*), Zierwein (*Vitis coignetiae*), Jasmin und Clematis. Über einen vorhandenen Liguster klettert Clematis »Perle d'Azur«, und eine spätblühende Zierkirsche (*Prunus subhirtella* »Autumnalis«) bietet auch außerhalb der eigentlichen Blühsaison Farbe.

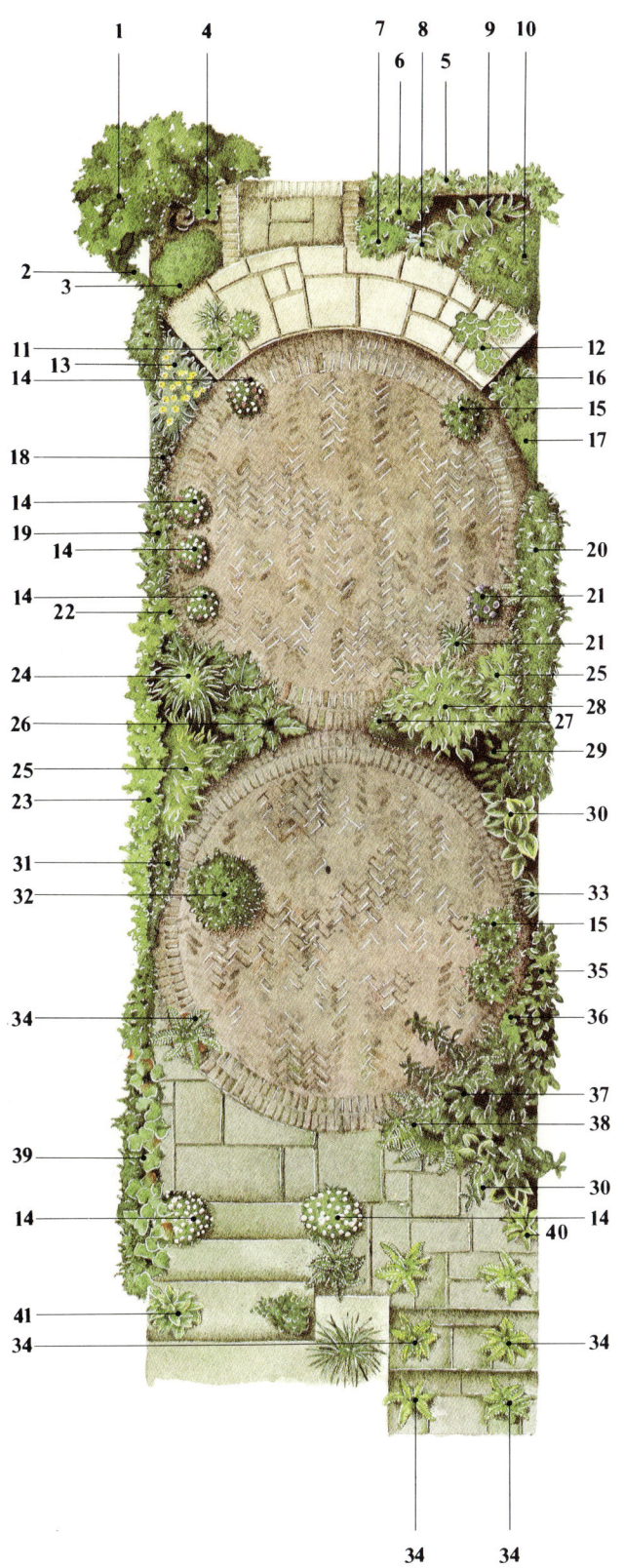

Verschiedene bepflanzte Terrakottakübel auf den Treppenstufen bieten bei einiger Pflege rund ums Jahr einen interessanten Anblick. Rechts ist die Grenzmauer mit Zierwein behangen.

Pflanzplan

1 Ligustrum lucidum
2 Clematis »Perle d'Azur«
3 Euphorbia amygdaloides »Purpurea«
4 Ajuga pyramidalis
5 Rosa »Mme Alfred Carrière«
6 Hydrangea villosa
7 Fuchsia magellanica »Versicolor«
8 Helleborus orientalis
9 Zwiebelpflanzen (Frühjahr) / Nicotiana alata (Sommer)
10 Choisya ternata
11 Töpfe für Gewürzpflanzen
12 Töpfe für Zitronengeranie
13 Senecio »Sunshine« (Senecio greyi)
14 Töpfe für Zwiebelpflanzen (Frühjahr) / Blumen (Sommer)
15 Fuchsia-Hybriden
16 Camellia japonica-Varietät
17 Tellima grandiflora »Purpurea«
18 Rosmarinus officinalis

19 Trachelospermum jasminoides
20 Jasminum officinale
21 Töpfe für Lilien
22 Mentha suaveolens »Variegata«
23 Akebia quinata
24 Cordyline australis
25 Arundinaria nitida
26 Acanthus mollis
27 Osmanthus delavayi
28 Prunus subhirtella »Autumnalis«
29 Eriobotrya japonica
30 Hosta fortunei »Albopicta«
31 Lamium maculatum »Beacon Silver«
32 Ilex aquifolium »Polycarpa«
33 Arum italicum »Pictum«
34 Töpfe mit Farnen
35 Hydrangea petiolaris
36 Euphorbia robbiae
37 Sambucus racemosa »Plumosa Aurea«
38 Farne
39 Vitis coignetiae
40 Asplenium scolopendrium
41 Hosta »Thomas Hogg«

115

Der Wassergarten

Wie dieser kleine Garten beweist, hat es enorme Vorteile, wenn man bereits beim Bau eines Hauses das Konzept für Bauwerk und Garten im wechselseitigen Zusammenhang entwickeln kann.

Im vorliegenden Fall besteht die Lösung des Architekten darin, die Geometrie seines Entwurfs in die Landschaft fortzuführen. Ein bereits vorhandener Obstgarten bildete dazu den passenden Rahmen mit Apfel-, Birn- und Pflaumenbäumen im Hintergrund. Der gesamte Garten ist von einem hohen Holzpalisadenzaun umgeben. Abgesehen vom Ziegelbelag des Bodens besteht der Gartenraum im wesentlichen aus zwei rechteckigen Teichbecken. Haus und Garten sind getrennt voneinander nur schwer vorstellbar, da die gartenzugewandte Seite des Gebäudes aus Glasschiebetüren besteht und Wohn- und Gartenraum ineinander übergehen.

Die vom größeren Teich, in dem auch Fische leben, eingenommene Fläche erstreckt sich über die gesamte Gartenbreite und geht an einer der Längsseiten in eine Art Kiesufer über. Der kleine rechteckige Teich in der Nähe des Hauses ist ein Warmwasserbecken, das von einer Quelle in einer angrenzenden Grotte gespeist wird. Die gesamte Komposition ist von einer sehr präzisen Formgebung geprägt, die Architektur und Gartengestaltung gleichermaßen kennzeichnet.

Abgesehen von den bereits vorhandenen Obstbäumen ist die Bepflanzung einfach gehalten: große Bambusbüsche, hohe Röhrichtpflanzen, Schwertlilien und Lilien. Verschiedene Schnittblumen in einer Bodenvase verleihen dem Ensemble ebenso eine jahreszeitlich wechselnde Note wie die Blumentöpfe, die immer wieder neu bepflanzt werden können. Kriechender Thymian mildert die strenge Geometrie des Bodenbelags und duftet, wenn man darüberschreitet.

Konstruktiv betrachtet ist ein solcher Garten recht aufwendig, denn alles darin muß eigens ausgehoben und angefertigt werden, aber nach der Fertigstellung ist er wenig arbeitsintensiv. Auffallend ist das völlige Fehlen von Nostalgie – es ist ein Garten seiner eigenen Zeit.

Blick aus dem Studio durch den Wintergarten in den Garten. Im Vorbau finden empfindlichere Pflanzen wie Agapanthus Platz, die im Sommer im Freien stehen. Hohe Holzpalisaden sichern die Privatsphäre.

*Abendlicher Blick vom
Garten über den kleineren
Teich zum Haus mit seinem
eleganten Marmorboden
und den Glasschiebetüren.*

Pflanzplan

1 Pieris forestii
2 Cornus florida
3 Camellia japonica
4 Ligustrum ovalifolium (geschnitten)
5 Diospyros virginiana
6 Sasa veitchii
7 Scirpus tabernaemontani »Zebrinus«
8 Rhododendron-Hybride (Azalee)
9 Dryopteris filix-mas
10 Buxus sempervirens
11 Malus sylvestris
12 Iris laevigata
13 Typha angustifolia
14 Nymphaea-Hybriden
15 Prunus domestica
16 Iris bulleyana
17 Typha latifolia
18 Abies nobilis
19 Iris pseudacorus
20 Juniperus horizontalis
21 Pyrus communis

Ansicht des Hauses über den großen Fischteich. Die ziegelbelegte Fläche direkt am Haus wird als Gartenterrasse genutzt und wurde mit Geranien- und Fuchsientöpfen belebt.

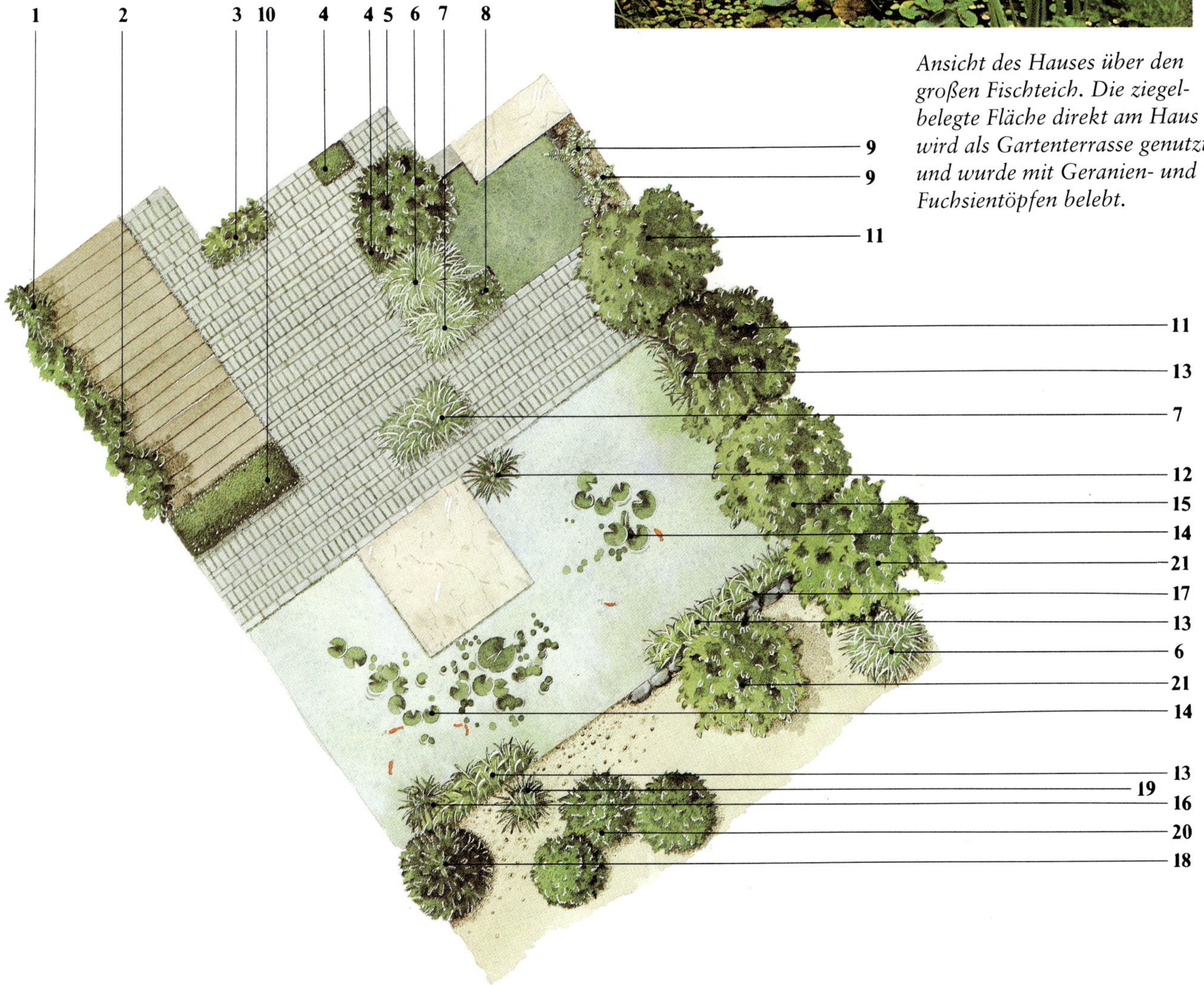

Der Grasgarten

Dieses Beispiel stellt einen Garten von besonderer Originalität und Stilsicherheit vor, in dem sich ein einfaches und solides Design mit dem speziellen Interesse seines Besitzers für Graspflanzen verknüpft. Eine rosafarbene Rose scheint ungebeten eingewandert zu sein und durfte blühen. Ansonsten ist nur eine Ansammlung von Bambus und Ziergräsern zu sehen. Das Ergebnis ist ein Garten von außerordentlicher Raffinesse und Subtilität, dessen großartige Wirkung von den Blattformen und -farben der ausgewählten Pflanzen ausgeht, die alle ähnlich aussehen.

Es ist dem sehr wohlüberlegten Entwurf zu verdanken, daß das Ergebnis nicht einem Botanischen Garten mit verschiedenen, wohlgeordneten und gekennzeichneten Gräsern in Reih und Glied gleicht. Statt dessen sind die Pflanzen nach Wuchshöhe und Farbwert in asymmetrischen Gruppen arrangiert.

Der Schlüssel zur gelungenen Wirkung dieses Gartens ist die sehr einfache Grundstruktur, die gewisse Elemente der japanischen Gartentradition im Hinblick auf die Anordnung der Pflanzen übernimmt. Obwohl einige Arten wie der hübsche, bogig überhängende Bambus (*Arundinaria nitida*) sehr hochwüchsig sind, scheint man an allen übrigen Zutaten in diesem Garten zu schätzen, daß man auf sie herabblicken kann. Wasser zur Versorgung der feuchteliebenden Arten wird sehr sparsam und eher versteckt eingeführt. Einen kleinen Gewässerarm überbrücken drei floßartige Plankenwerke. Auf einem davon ruht ein Rundbecken aus Beton, in das aus einer gebogenen Röhre Wasser tropft. Eine Kerbe im Beckenrand bildet den Ausfluß und leitet das Wasser direkt in den Hauptstrom. Große Geröll- und Kieselsteine sind beidseits des Wasserlaufs angeordnet, als handele es sich um einen Bergbach. Darin eingelassen sind einige runde Trittsteine in der Art von Waschbetonplatten, vielleicht das am wenigsten ansprechende Merkmal dieser Gartenarchitektur. Die Gartenbeleuchtung ist schmucklos und paßt sich ihrer Umgebung in Form und Funktion gut an.

Der besondere Reiz dieses Grasgartens liegt in der Verwendung nicht alltäglicher Schmuck- und Ziergräser. Die meisten Gartengestalter kennen oft nur das hochwüchsige Pampasgras (*Cortaderia selloana*). Gerade wegen seiner auffälligen Form findet man es in fast jedem Vorstadtgarten, in dem es meist der Partner von Goldregen oder gefüllt-blütigen Zierkirschen ist. In dem hier vorgestellten Garten ist Pampasgras eine sehr gute Wahl; seine hohe Gestalt und fiederigen Rispen werden in kleinerem Maßstab von den übrigen Gräsern wiederholt. Ein anderes Ziergras, das häufig verwendete streifenlaubige Rohrglanzgras (*Phalaris aruninacea*), bietet sich aufgrund seiner kleineren Größe auch für »normale Gärten« an.

Für die meisten von uns bedeutet Gras entweder Rasen oder Unkraut. Hier wird es statt dessen zur dekorativen Blütenpflanze aufgewertet. Die lange Gartensaison dieser Pflanzen beginnt bereits im April mit den schneeweißen Blütenständen der Weißen Hainsimse (*Luzula nivea*), einem zartgliedrigen Vertreter der Binsengewächse, und endet im Oktober mit den großen Blütenständen des Pampasgrases. Des weiteren bieten sich vier verschiedene Formen von Chinaschilf an: *Miscanthus sacchariflorus* ist eine hochwüchsige, schlanke Art von bambusartigem Aussehen mit hübsch überhängenden Blättern. Vergleichbar hoch wird *M. sinensis* »Giganteus«, während *M. sinensis* »Gracillimus« schmalere Blätter trägt und kleiner bleibt. *Miscanthus sinensis* »Zebrinus«, auch Tigergras genannt, entwickelt auf seinen Blättern im Hochsommer gelbe Streifen. Seine Blütenrispen sind rosabraun und erscheinen im Spätsommer. Das hochwüchsige Federgras (*Stipa gigantea*) blüht ebenfalls erst spät im Sommer. Seine an Hafer erinnernden Blütenstände glitzern purpurn und werden zur Reifezeit ockergelb. Bei Pflanzenfreunden ist es als Ziergras sehr beliebt. Mehr als zwanzig Grasarten und ihre Varietäten sind in diesem Themengarten zu sehen. Jede besitzt ihre eigene Qualität und ist es wert, in einer solchen faszinierenden Sammlung vertreten zu sein.

Silber- und graulaubige Gärten, alpine Gärten und selbst Heidegärten sind sicher weniger ausgefallen als ein nur aus Graspflanzen bestehender Themengarten. Wenn man sich für einen solchen Garten entscheidet, sollte man über ein ausgeprägtes Interesse an diesen Pflanzen verfügen.

Obwohl rechts außen eine Rose blüht, bilden Ziergräser die Basisausstattung dieses Gartens. Die sonstigen Gestaltungsmaßnahmen sind einfach und unauffällig.

*Links: Eine farbstreifige
Varietät der Stein-Simse (Scirpus tabernaemontani »Zebrinus«) wächst im Wasser.
Bei diesem Exemplar haben
manche Stengel ihre Streifung
verloren und sind zu norma-
lem Grün zurückgekehrt.
Eventuell kann man die voll-
grünen Teile entfernen und so
die schwächeren farblaubigen
fördern.*

*Gegenüberliegende Seite:
Strandroggen (Elymus arenarius »Glaucus«) sprießt aus
dem Geröll. Obwohl als Weg-
belag ungeeignet, bildet es für
das Gras eine exzellente Umgebung.*

Pflanzplan

1 Miscanthus sinensis
   »Giganteus«
2 Phalaris arundinacea
   »Picta«
3 Miscanthus sinensis
   »Zebrinus«
4 Miscanthus saccharifolius
5 Festuca ovina glauca
   »Silberreiher«
6 Cortaderia selloana
7 Uniola latifolia
8 Panicum virgatum
9 Luzula nivea
10 Scirpus tabernaemontani
   »Zebrinus«
11 Scirpus lacustris
12 Arrhenaterum elatius
   »Variegatus«
13 Glyceria maxima »Variegata«
14 Festuca scoparia
15 Sinarundinaria nitida
16 Miscanthus sinensis
   »Gracillimus«
17 Carex morrowii
18 Arundinaria pumila
19 Pennisetum alopecuro-
   ides
20 Helictotrichon semper-
   virens
21 Malus silvestris
22 Stipa gigantea
23 Luzula sylvatica
24 Elymus arenarius »Glaucus«
25 Spartina pectinata
   »Aureomarginata«
26 Koeleria glauca

123

Der geometrische Garten

Schon allein wegen seiner Eleganz und seines Stils darf man diesen Garten nicht auslassen. Sein Grundriß ist ein perfektes Quadrat von sechs mal sechs Metern. Der Eigentümer entschied sich, das geometrische Grundmaß seines Gartens zu betonen und gestaltete einen kleinen formalen Garten von ausgesuchter Zartheit im Detail. Der Gartenraum ist an drei Seiten von hochreichenden Mauern und an der vierten von einer hohen Eibenhecke umschlossen. Wohn- und Gartenhaus stehen einander genau gegenüber, Spiegelbilder mit grünen Türen, die von Fenstern mit weißen Schlagläden flankiert werden. Die Farbwahl für die Holzteile ist in diesem Entwurf ein sehr wichtiges Element. Man vergißt allzu leicht, daß eine unangemessene Farbgebung des Hauses verheerende Folgen für den Garten haben kann, wie sorgfältig und bedacht man auch die Bepflanzung wählt.

Zentraler Blickfang ist hier eine alte Sonnenuhr. Von hier aus strahlen die einzelnen Entwurfselemente als Kreisbögen über dem Quadrat aus. Der innerste und kleinste Kreis besteht aus farblaubiger Taubnessel (*Lamium maculatum*). Daran schließt sich eine Doppelreihe Ziegelsteine an, deren Ausrichtung unter den Fugenpflanzen kaum zu erkennen ist. Den nächsten Kreis bildet eine Hecke aus zwergwüchsigem Buchs (*Buxus sempervirens* »Suffruticosa«), unterbrochen von vier kegelförmig geschnittenen Sträuchern aus normalwüchsigem Buchs. Dessen Spitzen sind schon ein wenig gerundet, um die Ringstruktur der Sonnenuhr formal aufzugreifen, doch wird es noch einige Jahre dauern, bis das geplante Erscheinungsbild erreicht ist. Der anschließende Kreis besteht aus regelmäßig verlegtem alten Steinwerk mit erhöhten Ziegeln als Außenkante und mit Fortsätzen zu den Hauseingängen.

Das Farbschema ist sehr genau geplant. Grün, Weiß, Cremeweiß und Hellgelb sind die dominierenden Farben sowohl bei der Bepflanzung als auch bei der farbigen Fassung des Hauses. Die kleinen tiefpurpurnen Blüten der Gefleckten Taubnessel und das blassere Purpur von Fingerhut dürfen diese Regel durchbrechen.

Ansicht des Gartens aus dem ersten Stock des Wohnhauses. Gegenüber liegt die Fassade des Gartenhauses, die mit Kletterhortensien bewachsen ist.

Zentraler Blickpunkt des Gartens ist die von Clematis umrankte Sonnenuhr.

Pflanzplan

1 *Kerria japonica*
2 *Philadelphus microphyllus*
3 *Polygonum tenuicaule*
4 *Clematis orientalis*
5 *Hydrangea paniculata*
6 *Polystichum aculeatum*
7 *Bergenia crassifolia*
8 *Iberis sempervirens*
9 *Ruscus aculeatus*
10 *Viburnum plicatum tomentosum*
11 *Hydrangea villosa*
12 *Hosta elata*
13 *Polygonatum multiflorum*
14 *Hosta undulata*
15 *Euphorbia wulfenii*
16 *Hydrangea sargentiana*
17 *Kirengeshoma palmata*
18 *Euphorbia robbiae*
19 *Skimmia japonica*
20 *Alchemilla mollis*
21 *Galax aphylla*
22 *Hydrangea petiolaris*
23 *Buxus sempervirens*
24 *Lamium maculatum*
25 *Digitalis purpura*
26 *Clematis* »Mme Le Coultre«
27 *Bergenia cordifolia* »Purpurea«
28 *Sarcococca ruscifolia*
29 *Skimmia reevesiana*
30 *Sarcococca humilis*
31 *Hebe rakaiensis*
32 *Zantedeschia aethiopica*
33 *Lonicera sp.*
34 *Pieris floribunda*
35 *Schizophragma hydrangeoides*
36 *Rosa* »Golden Wings«
37 *Rosa* »Paul's Lemon Pillar«
38 *Buxus sempervirens* »Suffruticosa«

Die erhöhten Beete in den Ecken sind mit immergrünen oder laubwerfenden Sträuchern bepflanzt, die überwiegend weiß blühen. Die moderne Strauchrose »Golden Wings« mit einer fast cremeweißen Blütenfarbe ist mit Farnen, Funkien, Knöterich und Bergenien unterpflanzt. Im Frühling entwickeln die Bergenien aufrechte Rispen mit hellpurpurnen Blüten und ersetzen dann Taubnessel oder Fingerhut. Die immergrüne, langsam wachsene Lorbeerheide (*Pieris floribunda*) trägt im Frühjahr maiglöckchenähnliche weiße Blüten, denen die weißen, duftenden Schirmrispen der Skimmia japonica folgen. Drei Arten Hortensien wurden verwendet, *Hydrangea paniculata*, *H. sargentiana* und *H. villosa*. Die erste trägt weiße bis leicht rosafarbene, die beiden übrigen blaßlila bis bläuliche Blüten. Triebe und Stengel sind dicht behaart. Alle gedeihen im Schatten und im Schutz dieses Gartens sehr gut. Die mit dem Buchsbaum verwandte *Sarcococca* liebt ebenfalls schattige Standorte. Ihre weißen Blüten öffnen sich schon im Spätwinter und duften angenehm.

In diesem Garten ist keine Gelegenheit zur Bepflanzung ausgelassen worden. Kletterpflanzen haben die Gitterwände erobert, darunter auch die blaßgelbe, duftende Kletterrose «Paul's Lemon Pillar» (1915). Orangenhaut-Clematis (*Clematis orientalis*) entwickelt sehr hübsche seidenhaarige Fruchtstände aus leuchtend gelben Blüten im Spätsommer und Herbst. Geißblatt und Kletterhortensie wachsen ebenfalls an den Wänden, und selbst die Sonnenuhr dient als Rankhilfe für eine weißblühende *Clematis*-Hybride (»Mme Le Coultre«).

Nichts in diesem Garten stört das vollkommene Gespür für Proportionen und die damit erreichte Ausgewogenheit, die zudem das ganze Jahr über zu erleben ist. Bepflanzung und Farbwahl kann man natürlich variieren, man sollte aber auf keinen Fall die Harmonie zwischen Kreis und Quadrat aufbrechen, die auch einem Renaissancearchitekten zur Ehre gereichen würde.

Der Holzsteggarten

Dieser Garten ist geradezu ein Lehrstück für alle diejenigen, die fälschlicherweise annehmen, ein Hauptanliegen der Gartengestaltung sei die Farbe. Für ein gelungenes Gartendesign sind die zahllosen Grünabstufungen viel bedeutsamer. Grün kann transparent oder trübe sein, und es verändert sich bei jeder Pflanze durch das Jahr von der Laubentfaltung bis zum Vergehen der Blätter. Grün ist eine friedvolle, beruhigende Farbe, erholsam für Geist und Auge. So ist hier mit diesem äußerst originellen Garten ein üppiges grünes Paradies entstanden.

Der Umgang mit dem Wasser macht diesen Garten ungewöhnlich, geheimnisvoll und anregend. Obwohl durch und durch künstlich, vermittelt der hier angelegte Teich den Eindruck eines Gewässers in einer natürlichen Mulde. Von einem der üblichen Gartenteiche mit wenigen unterernährten Goldfischen, die nur darauf warten, Nachbars Katze oder einem Graureiher zum Opfer zu fallen, ist er denkbar weit entfernt und somit eines der wenigen Beispiele einer gelungenen Einbindung einer Plastikwanne in einen Gartenraum.

Zwei Bäume fallen hier auf. Der eine ist der recht seltene japanische Pagodenbaum (*Sophora japonica*), ein Verwandter der Robinie mit ähnlich gefiederten Blättern und weißen Blüten. Er blüht erst im fortgeschrittenen Alter und nur in heißen, trockenen Sommern. Seine hübsche Belaubung gleicht jedoch die mangelnde Blühbereitschaft voll aus. Der andere Baum ist eine Felsenbirne (*Amelanchier laevis*). Sie blüht jährlich im Frühjahr und schmückt sich dann mit zahlreichen weißen, duftenden Blüten. *Skimmia* x *foremannii* ist eine etwas robustere weibliche Form der üblichen Garten-Skimmie. Der japanische Fächer-Ahorn (*Acer palmatum* »Dissectum«) breitet sein feingeschlitztes Blattwerk wie ein pilzförmiges Kissen aus.

Am Ende des Holzstegs gelangt man zu einer kreisförmigen Terrasse mit Topfpflanzen. Hier ändert der Garten seinen Charakter, und man findet Pflanzen, die eher einen leicht trockenen Wurzelraum bevorzugen, darunter Echeveria, Buchs und die angenehm duftende Engelstrompete (*Datura*). Eine Pergola unterstützt die Kletterpflanzen, die auch die Hauswände vereinnahmen. Die Kletterhortensie (*Hydrangea petiolaris*) hilft sich im allgemeinen selbst, wenn sie einmal gut Fuß gefaßt hat. Andere dekorative Kletterpflanzen sind Blauregen (*Wisteria sinensis*) und die Ge-

128

*Links: Blick über den Holz-
steg, der den Gartenteich
überbrückt und zum Wohn-
haus führt. Der gesamte
Garten ist eine Komposition
in diversen Abstufungen von
Grün mit ausgesuchter Dul-
dung jahreszeitlicher kleiner
Farbtupfer.*

*Oben: Waldrebe, Farne und
Knöterich bilden den passenden Rahmen für ein kleines
Wasserspiel am Haus. Ein
Bambusrohr speist Wasser in
eine spanische Pflanzurne,
wobei eine gut versteckte
Pumpe den Wasserkreislauf
betreibt.*

meine Waldrebe (*Clematis vitalba*), letztere eine Wildpflanze der heimischen Flora mit kleinen gelbgrünen Blüten und wunderschönen, seidig behaarten Fruchtständen. Die üppig großblumigen Gartensorten von Clematis wären hier fehl am Platz.

Die krautigen Pflanzen reichen vom kleinblättrigen Bubiköpfchen (*Soleirolia soleirolii*) bis zum bogig überhängenden Bambus (*Arundinaria murielae*). Unter den Farnen fallen der Wald-Frauenfarn (*Athyrium filix-femina*) und der borstige Schildfarn (*Polystichum setiferum*) auf. Hübsche Alternativen wären der Rippenfarn (*Blechnum spicant*), der Gemeine Tüpfelfarn (*Polypodium vulgare*) oder der Straußfarn (*Matteuccia struthiopteris*). Nur letzterer benötigt einen feuchteren Boden.

Viele der hier verwendeten Stauden sieht man sonst in gemischten Blumenbeeten, hier sind sie jedoch so geschickt gruppiert, daß man sie auch für Uferpflanzen halten könnte. Das tatsächliche Vorhandensein einer kleinen Wasserfläche und die Vorstellungskraft des Gartenbesuchers verbinden sich so kraftvoll, daß eine perfekte Uferszenerie entsteht.

Pflanzplan

1	*Clematis vitalba*	
2	*Polygonatum japonicum*	
3	*Buphthalmum speciosum*	
4	*Arundinaria murielae*	
5	*Hemerocallis*-Hybride	
6	*Soleirolia soleirolii*	
7	*Galium odoratum*	
8	*Athyrium filix-femina*	
9	*Polystichum setiferum*	
10	*Yucca gloriosa*	
11	*Acer palmatum* »Dissectum«	
12	*Petasites albus*	
13	*Skimmia x foremanii*	
14	*Echeveria*-Hybriden	
15	*Datura sanguinea*	
16	*Vitis vinifera* »Brandt«	
17	*Hydrangea petiolaris*	
18	*Sophora japonica*	
19	*Amelanchier laevis*	
20	*Buxus sempervirens*	
21	*Eucomis bicolor*	
22	*Wisteria sinensis*	
23	*Hedera helix*	

*Ein Teppich aus Bubiköpfchen (*Soleirolia soleirolii*) verdeckt den Rand der schwarzen Plastikwanne, die den Teichgrund bildet. Waldmeister, Farne und Efeu vervollständigen die Bodenbepflanzung. Ein japanischer Fächer-Ahorn überragt mit seinem schlitzblättrigen Laub die Wasserfläche.*

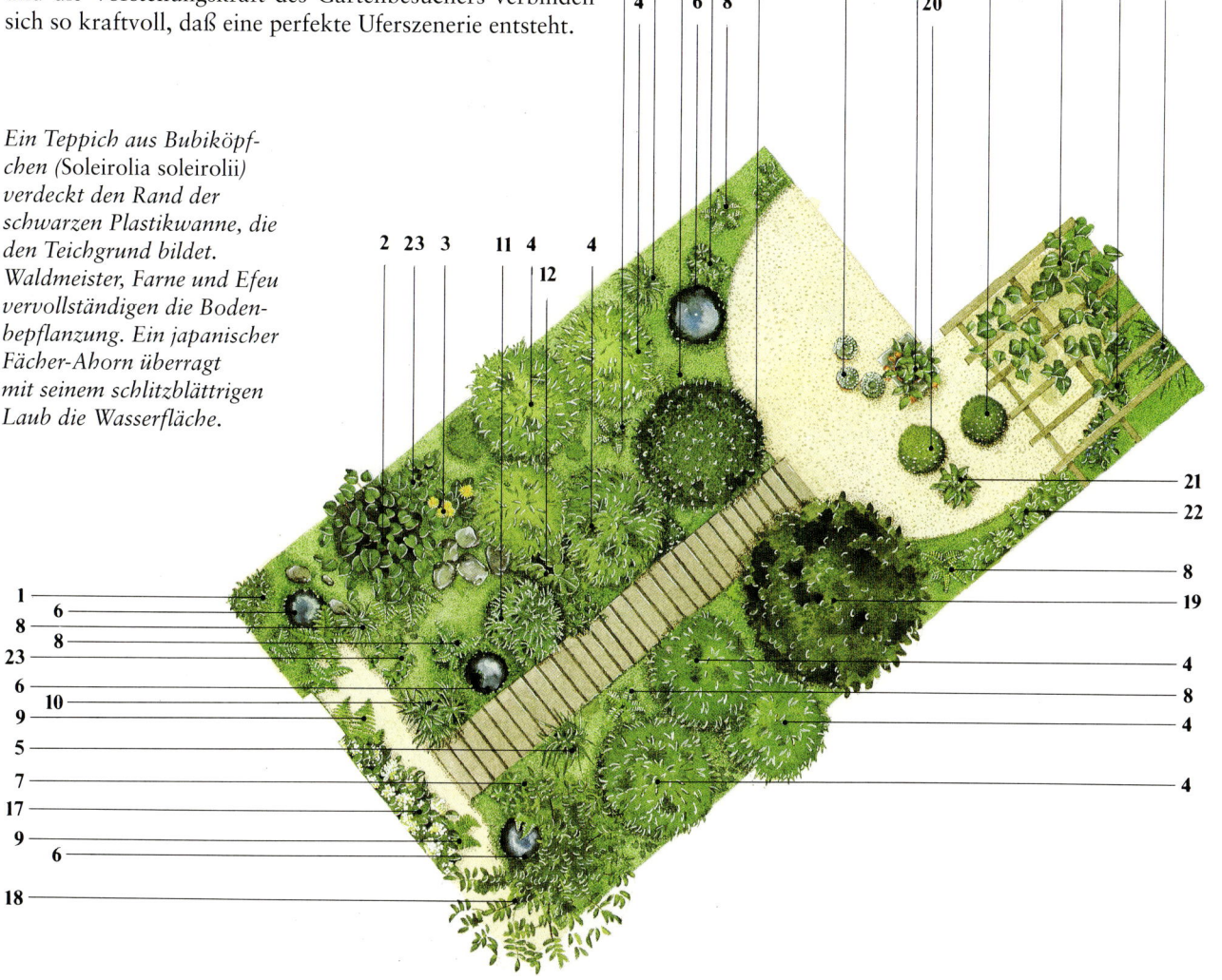

131

Der subtropische Garten

Die extreme Sonnenhitze und das starke Licht subtropischer Regionen stellen an einen Garten gänzlich andere Anforderungen als das wechselhafte Klima des kühleren Nordens. Schatten, Wasser und üppige Vegetation, die den Eindruck angenehmer Kühle hervorrufen, sind die wichtigsten Gestaltungsmittel eines gelungenen Gartens im Sonnenklima. Der hier vorgestellte subtropische Garten, der in sich alle drei Elemente vereinigt, ist deutlich von der Gartenkultur des Islam angeregt.

Islamischer Einfluß faßte im Mittelalter vor allem in Spanien und Sizilien Fuß. Als besonders großartige Beispiele kann man heute noch die ausgereiften Gartenanlagen der Alhambra und der Alcazarpaläste in Spanien bewundern. In seiner einfachsten Form ist der islamische Garten überall im Mittelmeerraum anzutreffen. Er besteht immer aus einem Hof, entweder einem Innenhof mit angrenzenden Gebäudeflügeln oder einem Eingangshof in der Art eines abgeschlossenen Vorraums. Fast immer ist Wasser in Gestalt eines Brunnens vorhanden, zu dem sich eine Bepflanzung mit Bäumen, Immergrünen und Blumen sowie während der Sommermonate eine größere Anzahl Topfpflanzen gesellen.

Der hier vorgestellte Garten ist ein kleiner Vorhof mit zwei Ebenen, von dem aus man über eine Anzahl Stufen zur Haustür gelangt. Diese Stufen führen aber auch von der unteren Ebene auf die erhöhte Terrasse, über die weitere Türen zu erreichen sind. Die beiden Ebenen werden von einem kleinen Teich getrennt: Wasser fällt aus einer einfachen Öffnung in ein kleines, rechteckiges Bassin, von dem es weiter in das eigentliche Teichbecken fließt. Das leise Plätschern des Wassers symbolisiert die lebensspendende Kraft dieses Elements und suggeriert Kühle und Erfrischung in der Sommerhitze. Rund um das Becken lockert üppige Bepflanzung auf beiden Ebenen die strengen architektonischen Formen auf. Die betonte Einfachheit dieses Entwurfs, die sich zudem sehr gut der klaren, unauffälligen Linienführung des Wohnhauses anpaßt, wirkt sehr überzeugend. Die Architektur selbst tritt nur mit ihrem eher blassen, verwaschen wirkenden Verputz und einigen rechtwinkligen Tür- oder Fensteröffnungen in Erscheinung.

Nur ein Baum betont in dieser kleinen Umfriedung die Vertikale und spendet gegebenenfalls ein wenig Schatten. Er scheint sehr viel älter als das Gebäude zu sein. Der abge-bildete Baum ist eine Kork-Eiche (*Quercus suber*). Die ebenfalls immergrüne Stein-Eiche (*Quercus ilex*) wäre ihr in der Wirkung gleichwertig, ist aber weniger kälteempfindlich.

Die Bepflanzung ist asymmetrisch und greift damit die Formen des Hauses auf. Zu den Pflanzen am Teichbecken gehören Neuseeländischer Hanf (*Phormium tenax* »Purpureum«), dessen schwertförmige Belaubung mit den rundlichen oder geteilten Blättern der Sträucher kontrastiert, Zimmeraralie (*Fatsia japonica*), der seltene Honigstrauch (*Melianthus major*), Samtpappel (*Abutilon* sp.) oder Papyrus (*Cyperus alternifolius*). Die Sträucher sind untermischt mit Fuchsien, Zimmerkalla (*Zantedeschia aethiopica*), weißer Strauchmargerite (*Chrysanthemum frutescens*) und hellblauer Kapaster (*Felicia* sp.), von denen alle ein paar lebhafte Farbtupfer vor den verschiedenen Grünnuancen setzen.

Es ist nicht allzu einfach, in heißen Klimazonen mit ihrem direkten und starken Licht subtile Farbwirkungen zu erzielen. Die Wirkunterschiede zum weicheren Lichtfluß vom bewölkten Himmel gemäßigter Breiten sind gewaltig. Alles steht entweder voll in der Sonne oder versinkt im Tiefschatten. Mittelwerte gibt es nicht. Die Blattumrisse treten daher scharf hervor. In der hier vorgestellten Gestaltung, in der die Unterschiede der Blattgestalten unverkennbar sind, wurde diese Betonung der Silhouetten offensichtlich klar berücksichtigt.

Dieser bescheiden wirkende Fleck ist so einfach gestaltet wie nur möglich. Hier ist kein Rasen zu mähen, keine Hecke zu schneiden, und nicht einmal Blumentöpfe sind hin- und herzuschieben. Nur gelegentliches Zurechtstutzen, Wegschneiden und Lenken sind erforderlich. Man kann sich die gelungene Gestaltung dieses Gartens am besten verdeutlichen, indem man sich alle Bäume, Sträucher und Stauden wegdenkt. Ohne diese grüne Dekoration hätte man nur eine sandfarben verputzte Kiste vor Augen.

Eine erhöhte Terrasse, die angedeutete Verwendung von Wasser und eine wirkungsvoll gestaffelte Bepflanzung schaffen einen einladenden Hof und beleben die strenggehaltene Architektur des Hauses.

Pflanzplan

1 Quercus suber
2 Zantedeschia aethiopica
3 Felicia amelloides
4 Fuchsia-Hybriden
5 Cyperus alternifolius

6 Fatsia japonica
7 Chrysanthemum frutes-
   cens
8 Abutilon mega-
   potamicum
9 Phormium tenax
   »Purpureum«

10 Cistus albidus
11 Rosmarinus officinalis
12 Santolina chamaecypa-
   rissus
13 Melianthes major
14 Phormium tenax

Die großen, farnähnlichen Blätter des Honigstrauchs (Melianthus major) *gleichen die unauffällige Wuchsform und die unscheinbaren* Blüten *vollwertig aus. Sehr elegant wirkt die Zimmerkalla* (Zantedeschia aethiopica).

Das Garten-
parterre

Die meisten Betrachter verbinden den Gartentyp des Parterres mit einem Schloß oder zumindest einer großen Villa. Hier wurde er jedoch auf die Abmessungen eines kleinen Gartengrundstücks im rückwärtigen Bereich eines städtischen Wohnhauses übertragen, wo er mindestens ebenso hübsch und keineswegs deplaziert wirkt. Dieses formale Gartenparterre besteht aus niedrigem Buchs, der in symmetrische Formen geschnitten ist - ein Gestaltungsstil, der seine Blüte im 17.Jahrhundert erlebte und dann vom englischen Landschaftsgarten abgelöst wurde.

In der Renaissance griff man gerne auf die Beschreibungen antiker Schriftsteller wie Plinius zurück, bei dem nachzulesen ist, daß die römischen Villen Buchshecken mit geometrischen Formschnitten besaßen. In Anlehnung an die antiken Vorbilder gestaltete man zuerst komplizierte Blumenmuster und wenig später – für mehr als zwei Jahrhunderte – sogenannte Parterres aus niedriggehaltenen Heckengehölzen. Dabei verwendete man nicht nur zwergwüchsigen Buchs, sondern auch geschnittene Eibe, Steinlinde, Zypressenkraut, Thymian und Rosmarin. Die den Heckenschnitten zugrundeliegenden Muster ähnelten denjenigen auf zeitgenössischen Tapisserien und Stickereien. Die Blumenmustergärten hatten meist nur kleine Abmessungen und waren in Bepflanzung und Pflege sehr aufwendig. Die daraus entwickelten Parterres konnte man bei vergleichbarem Aufwand auf größerer Fläche und durch die Verwendung immergrüner Gehölze in monumentalerer und dauerhafterer Form gestalten. Anstelle vieler kleiner Musterelemente aus verschiedenen Blumen ist ein Parterre eher ein übergreifendes, einheitliches Gestaltungskonzept.

Auch heute kann man solche barocken Formgärten mit Blumenmustern oder Heckenparterres noch finden. Meistens sind es Wiedererstellungen alter barocker Anlagen, so in England beispielsweise die Tudorgärten von Hampton Court Palace, in Frankreich die Gärten der Loireschlösser oder in Deutschland die Gartenanlage von Schloß Brühl bei Bonn. In Italien zeigt fast jede bedeutende historische Villa diese Form der Gartengestaltung. Auch in den USA, vor allem in Virginia, finden sich Gärten dieses Typs. Williamsburg überrascht mit einer ganzen Fülle formaler Parterres, von denen viele allerdings einfacher gehalten sind als das hier abgebildete Beispiel. Man vergißt heute gewöhnlich, daß exakt diese Gartengestaltung ursprünglich für kleine

Grundstücke gedacht war. Sie kann daher auch in unserer Zeit eine sehr zufriedenstellende Lösung für kleine Gärten bieten.

Bei der Planung eines solchen Gartens helfen zahllose Bücher mit Plänen barocker Gartenanlagen, die man übernehmen oder vereinfachen kann. Der Phantasie sind jedoch keine Grenzen gesetzt, und es gibt keinen Grund, warum nicht auch modernere Formen – vielleicht inspiriert durch Gemälde von Piet Mondrian – in dieser Art umgesetzt werden können.

Parterregärten erfordern eine ebene Fläche und sind daher insbesondere für kleine Hausgärten in der Stadt geeignet, die darüber hinaus über Wohnräume in den oberen Etagen verfügen, von denen aus man einen schönen Blick auf das Gartendesign hat. Ein Gartenparterre kann je nach Wunsch ausgefallen oder einfach sein, es kann beispielsweise aus vier Ecken mit einem darübergelegten Kreis bestehen oder wesentlich komplexere Muster aufgreifen.

Die verbleibenden Flächenstücke werden mit Kies angefüllt – was den späteren Pflegeaufwand auf ein Minimum reduziert –, beziehungsweise ständig oder jahreszeitlich wechselnd mit Rosen oder Sommerblumen bepflanzt. Der hier vorgestellte Entwurf zeigt die erste Variante; als einzige Zutat weist er vier Hochstammrosen auf, die den Blick auf die im Zentrum des Gartens plazierte Pflanzschale lenken.

Überhängender Goldregen bringt einen kräftigen Farbakzent in dieses formale Gartenparterre aus niedrigwüchsigem Buchs. Obwohl man solche Gestaltungen meist nur in großen Barockgärten sieht, eignen sie sich auch für kleine Flächen.

Um einen Entwurf praktisch umzusetzen, müssen alle Elemente vom Millimeterpapier maßstäblich auf die beplante Fläche übertragen werden. Alle wichtigen Linien markiert man mit hellem Sand oder Kalk, bei geschwungenen Linien oder Bögen wird man mit einem Schnurzirkel arbeiten müssen. Hat man die Füllung der freien Flächen mit Kies entschieden, kann man den Boden zur Unterdrückung unerwünschten Krautaufwuchses auch mit einer durchlöcherten Folie abdecken, darauf den Pflanzplan zeichnen, die Pflanzen einbringen und die restlichen Teilflächen mit Kies bestreuen.

Die ideale Pflanze für Gartenparterres ist wie in diesem Beispiel zwergwüchsiger Buchs, der sehr langsam wächst, aber immer noch schneller, als man gemeinhin annimmt. Von Anfang an ist das gewünschte Muster erkennbar. Der Pflegeaufwand hält sich in Grenzen und beschränkt sich auf einen Formschnitt im späten Frühjahr. Buchs läßt sich aus Stecklingen leicht vermehren. Bewurzelte Stecklinge, die man regelmäßig mit Knochenmehl düngt, erreichen in fünf Jahren eine Wuchshöhe von etwa 30 cm. Buchs entwickelt zudem einen sehr angenehmen Duft.

Dieser Garten wurde durch eine Randbepflanzung mit Goldregen sehr hübsch ergänzt. Die Wuchsgröße der übrigen Gehölze muß allerdings zum Gesamtkonzept passen. Ihre etwas lockere Kronengestalt gleicht den strengen Formalismus ansatzweise wieder aus. Andere Baumgehölze wie etwa eine Robinie wären gleichwertig.

Dieser Gartenentwurf ist nicht sehr arbeitsintensiv, bietet aber während des ganzen Jahres – besonders auch im Winter – einen sehr schönen Anblick, der nur durch eine fortgesetzte jahreszeitliche Bepflanzung noch gesteigert werden könnte.

Das Gartenparterre unter Schnee sieht aus wie eine große Streuzuckerdekoration aus der Barockzeit. Solche Anlagen erfreuen mit ihrer regelhaft rhythmischen Geometrie zu jeder Jahreszeit.

Ansicht des Parterres von einem oberen Stockwerk des Hauses. Eine mit Pelargonien bepflanzte Schale bildet einen zentralen Blickfang und bringt etwas zusätzliche Farbe in die Szenerie. Sie untergliedert diese Anlage mit ihren symmetrisch eingerollten Mustern in zwei spiegelbildliche Hälften. Das Grundmuster verwendet hier die Buchstaben C und S. Gegebenenfalls kann man eine solche Buchspflanzung auch mit persönlichen Initialen gestalten.

139

Register

Kursive Ziffern verweisen auf eine
Nennung in den Bildunterschriften.

141

142